はじめに

「非常に残念だったけれど、春は実力不足だったからセンバツへの出場のチャンスを逃した。夏一本に切り替えて、ここから鍛え直していこう」

２０２１年1月29日の夕方、第93回選抜高等学校野球大会（以下センバツ）の落選の一報を受けて、私が全選手を前に語った言葉です。日大三高（以下三高とも）は、前年秋の東京大会で決勝進出を果たしたものの、東海大菅生に1対6で敗れました。中盤までは1対2で拮抗した試合展開でしたが、終盤に突き放されて一方的な展開になってしまったのは、私たちの実力不足だったとしか言いようがありません。

ただ、淡い期待もあったのも事実でした。監督としてチームを率いた関東一高時代の85年秋、86年秋、三高の16年秋と、いずれも東京大会で準優勝に終わったなか、センバツの出場を果たすことができた。だからこそ、「ひょっとしたら……」という一縷《いちる》の望みを持っていたのも事実でした。それだけに、落選の知らせを受けたときには、私自身も肩の力が抜けてしまったように感じていました。

けれども――。半年前のことを思えば、泣き言を言えるだけ幸せだと思ったのです。

今年の春、卒業した3年生は、最後の夏の甲子園出場を懸《か》けた予選で戦うことすらできませんでした。原因は、言うまでもなく新型コロナウイルスの影響です。ウイルスの実態がどの程度か、まだまだ把握できていなかった時期でもありましたから、日本高野連の関係者もさぞかし苦渋の決断だったと思います。

結果、どうにか東京都では、夏に独自の大会を開催することができましたが、優勝したからといって甲子園の出場を果たすことができません。それだけに、目標をどこに持っていくべきか、考慮に考慮を重ねた指導者も多かったはずです。

私の場合は決まっていました。

「いつもの年と同じように、熱い気持ちを持って戦い抜こう」

新型コロナウイルスの感染には十分配慮しながら、いつもの夏と同じように、選手にはノックの雨を浴《あ》びせました。甲子園に出場できないとか、いっさい関係ありません。

「この程度のゴロが捕れずに、試合に勝てるのか！」

私の怒声がグラウンド中に響き渡った直後のこと。

「もう一丁！　もう一丁！」

「ノッカー、思い切り打ってやれよ！」

いつもと変わらない、選手たちの威勢のいい声が飛んできました。

「そうそう、これだよ、これだよ」

私は厳しい表情とは別に、内心は喜んでいました。いつもの年の夏の大会前と同じように、選手たちの気持ちが熱くなっていることがうれしかったのです。

甲子園に出場するチャンスがなくなったからといって、彼らにその思いを抱えたまま高校野球を終わらせてはいけない――。

野球に対して「好きだ」という気持ちを持ったまま、次のステージへ進んでもらいたい――。

その思いとともに、私は彼らの練習を見守り続けてきたのです。結果、西東京の独自大会ではベスト8で敗れてしまいましたが、みんなで泣いて終わることができた。彼らは熱い気持ちを持って戦い抜いたからこそ、涙を流して悔しがることができたのです。「甲子園という目標を失ったときに、何をモチベーションに試合に臨むべきか」ということは、私自身も学び取ることができました。この経験は、彼らはもちろんのこと、私もこれからの人生において必ず役に立つものだと信じています。

秋の東京大会の決勝で優勝した東海大菅生は、センバツでベスト8まで勝ち進みました。今年の夏も同じ西東京予選を戦い、甲子園出場をつかみ取るうえで最大のライバルとなることは間違いありません。それだけに、猛練習を積んで悔いのない戦いをしていきたいと考えています。

また、三高とセンバツ出場を競っていた神奈川の東海大相模は、センバツで見事に優勝しました。東海大相模の門馬敬治《もんまけいじ》監督とは、練習試合なども定期的に行ない、いろいろな話をする間柄です。それだけに、関東代表として見事な戦いをしてくれたことには敬意を表したいですし、夏も激戦区の神奈川の代表の座をつかみ取るために、必死になって戦うことでしょう。こうした強豪校と切磋琢磨して、私たちのレベルも上げていかなくてはと考えています。

世のなかはまだまだコロナ禍の真っただなかにいて、終息の見通しが立っていません。閉塞感の高まるなかでは、生きる希望や生きるための目標を見失いがちですが、思い通りにいかないときこそ、人は成長していくものだと、私自身の経験から実感しています。

この本を読んで、今うまくいっていない人、指導者として壁にぶつかってしまっている人に何らかのヒントを与えることができたらこのうえなくうれしい、そう考えています。

「一生懸命」の教え方　日大三高・小倉流「人を伸ばす」シンプルなルール　目次

第2章 「人」を育てる ～「今どきの子ども」を伸ばすちょっとしたコツ～

第3章　「技術」を育てる　～達成感を味わわせて、毎日成長させる～

第4章 「チーム」を育てる ～全責任を監督が負い、一緒に逆境に挑戦する～

第5章 「哲学」を育てる ～凝り固まった指導からの脱却～

第6章 「人生」を育てる ～人生には超えなければならない山がいくつもある～

最終章 人は人から学んでいく ～私が対戦したくない学校「名将」から教わったこと～

企画・構成　小山宣宏（ベストセラー・プロデュース）
カバーデザイン　トサカデザイン（戸倉 巌、小酒保子）
本文デザイン　浅井寛子
写真　上野裕二
※P251は日刊スポーツ新聞社撮影

序章

いつのときも
忘れてはならない指導方針

コロナ禍で夏の甲子園大会がなくなっても、選手を「熱い気持ち」にさせたかった

すべての力を出し切ったとき、よく「完全燃焼した」という言葉を使います。完全燃焼することで、充実感や達成感を味わうことができます。高校野球で選手たちの気持ちを「完全燃焼させる」ためには、熱い気持ちにさせて大会に臨ませることが必要です。私はそこに全精力を注いできました。

しかし、２０２０年は甲子園出場を懸けた予選がなくなってしまい、目標すら失いかねませんでした。それでも私は、いつもの年と変わらぬように「高校野球をいかに熱い気持ちでやり遂げるか」が重要だと考えていました。

目標を失った3年生を奮い立たせるために……

２０２０年5月20日、日本高校野球連盟（以下「日本高野連」）から、「第１０２回全国高等学校野球選手権大会（夏の全国高校野球大会）を中止する」という発表があ

りました。

私はもちろんのこと、高校野球に携《たずさ》わっているすべての指導者、そして選手全員が言葉を失ったはずです。

私たちは、常日頃から「甲子園出場」を目標に掲げて練習を積み重ねてきたにもかかわらず、新型コロナウイルスという得体の知れない疫病によって、その夢を叶えることが無残にも崩れ去ったのです。夏の甲子園が開催されないというショッキングな出来事は、私の40年近くに及ぶ監督人生のなかで、はじめての経験でした。


もちろん、一番ショックを受けたのは、ほかでもない3年生の選手たちです。彼らが入学した年の2018年の夏、日大三高は西東京の代表として甲子園に出場し、ベスト4まで勝ち進みました。

先輩たちが灼熱《しゃくねつ》のグラウンドで躍動する姿をアルプススタンドから見届けた当時1年生の彼らが、「自分たちが3年生になったら、あの舞台に立つぞ」と意気込む姿を、私は日頃から間近で見ていました。

それが、新型コロナウイルスの感染拡大の影響を受けて、甲子園大会そのものがなくなったわけですから、内心は「この世の終わり」と思えるほどの、絶望の淵に立っていたはずです。

けれども、憧れの甲子園でプレーすることを夢見ていた3年生たちに「無意味な3年間だった」などと思わせてはいけない。そう考えた私は、日本高野連の発表の4日後に、部員全員を緊急召集して、グラウンドのバックネット裏でミーティングを行なったのです。

開口一番、私はこう切り出しました。

「みんなも知っての通り、夏の甲子園大会は中止になった」

すると、3年生は全員、目に涙を浮かべていました。最後の夏の甲子園出場を懸けて、この年の2月下旬までグラウンドで必死に汗水流してがんばっていたのですから、やり切れない気持ちはよくわかります。私自身も正直、彼らと一緒に泣きたい心境でした。

それでも私は、あふれる感情をグッとこらえ、こう続けました。

「でもな、『自分たちの3年間は何だったのか』って考えるのはナシにしよう。『無意味な3年間だったんじゃないのか』と考えた時点で、これから先の人生で負い目を作ってしまう。高校野球を終えたときに、『自分たちが高校野球に捧げた3年間は間違っていなかったんだ』って強く思えることが大切なんだ」

これまででしたら、甲子園出場を懸けた夏の西東京予選を戦って、仮にそこで負けたとしても、「自分たちの力は及ばなかったけど、これまで努力してきたことに悔いはない」と思えたことでしょう。けれども新型コロナウイルスの影響で、夏の甲子園が開催できない状況になったのは、おそらく後にも先にも彼らの世代だけとなるはずです。それだけに、彼らの高校野球をどう終わらせるかが、監督である私の役目だと考えていました。

高校3年間の野球生活を熱い気持ちを持ったまま終わらせたい――。そのためには、私自身が彼らと向き合い、これまで甲子園を目指していたのと同じ情熱を持って接することが重要でした。

このミーティングを開催した時点では、西東京独自の代替大会が行なわれることが決まっていませんでしたが、私はあえてこう言いました。

「今後、東京都だけで大会を開催するかどうかもわからない。もし開催されなかったとしても、帝京の前田（三夫《みつお》）監督、二松学舎大附属の市原（勝人《かつひと》）監督、早稲田実業の和泉《いずみ》（実《みのる》）監督に頭を下げてお願いするから、4校で対抗戦を開催しよう。もし

『コロナの感染リスクがある以上、無理です』って言われたら、チーム内で紅白戦を開催しよう。紅白戦も学校から「無理だ」と言われたら、残りの期間、オレが心血を注いで指導するから、『3年間をやり切った』という達成感を共有しようじゃないか」

すると、3年生たちの目の色がパッと変わりました。夏の甲子園大会がなくなったという現実を変えることはできないが、これから先の未来については、自分たちの力で切り拓いていくことができる。

うしろに向いたままの3年間で終わらすのか、それとも前を向いて必死に未来に向けて一歩一歩進んでいく3年間で終わらせるのか——。私は3年生全員が後者であってほしいと願っていました。

幸いにも後日、東京都の高野連から、7月18日から22日間、東京の独自大会を東西に分けて開催することが決まりました。もちろん、甲子園大会はなくなってしまったわけですから、この大会で優勝したからといって、甲子園には出場できません。それでも、いつもの夏と同じように、選手たちと一緒になって、熱い気持ちで戦い、3年間の高校野球生活を終えたかった。それが私の偽《いつわ》らざる心境でした。

言葉では言い表せないほどの無念さを前に

緊急事態宣言が解除されて全員が学校に戻って、これまで通りの練習を行なえるようになったとき、3年生を中心とした全員が生き生きとグラウンドで躍動していました。私の叱咤《しった》する声にも負けず、必死になって食らいついていくあの姿勢は、いつもの年と変わりません。

私は大会の前に、3年生の部員にこう言いました。

「甲子園大会はなくなっちゃったけど、頭のなかを切り替えて、東京大会を熱くプレーして、いい野球をやって3年間終わるようにしよう」

大会が始まり、三高は2回戦から登場して勝利すると、続く3回戦、4回戦も勝ち続け、準々決勝へと駒を進めました。けれども佼成《こうせい》学園との試合は、2対2の同点から9回裏、佼成学園の攻撃でワンアウト二塁という場面になった直後、相手打者に左中間を越えるヒットを打たれ、2対3でサヨナラ負けを喫したのです。

試合後、合宿所に帰ってきてから選手全員を集め、私はこう言いました。

「負けちゃったけど、3年生どうもご苦労さま」

言ったあと、私は自分の目から涙がこぼれ落ちるのを止めることができませんでした。見ると、3年生全員も目を真っ赤にして声を震わせて泣いています。さらに私は続けて、こう言いました。

「3年間、野球を続けて涙を流して終われるなんて、お前らかっこいいよ」

涙を流して終わることができたということは、野球に真剣に取り組んでいた証拠でもあるのです。もしいい加減な気持ちで野球に取り組んでいたのであれば、「あ〜あ、やっと終わったよ」と冷めた表情をしていたことでしょう。でも今、**目の前にいる彼らの表情は、いつもの年の3年生が野球を終えたときと同じ表情をしていたのです。**

「高校野球は、こういう気持ちでなければいけないよな」と、子どもたちの姿からあらためて学んだ気がします。

人生にはうまくいかないことがたくさんあります。私自身だってそうでした。若い頃はうまくいかないことや、理不尽だと思えることだらけ。でも、そうした場面に遭遇しても、逃げることなく、真摯《しんし》に向き合ってきたからこそ、今の私が存在しているのだと思っています。

このことは3年生の彼らも一緒です。夢にまで見た甲子園が、戦わずしてあきらめなくてはいけなくなった。言葉では言い表せないほどの無念さを感じたことでしょう。

それでも本気で熱い気持ちで取り組むことによって、悔いなく次のステージへと進んでいくことができる。そのおぜん立てをしてあげるのが、指導者の役割のひとつであると、私はつくづく感じたのです。

小倉流ルール

絶望のなかにあっても道は拓ける

つらいときでも選手たちが率先して自主練習に励んでいたワケ

目の前の目標が明確であればあるほど、人はどんなに困難な状況に陥っても、突き進んでいくことができる——。

「明確な目標」があるのとないのとでは、その後の生き方が大きく違ってきます。このことは、新型コロナウイルスの感染拡大で、学校から離れた時期を過ごした選手たちに、私自身が教わりました。

未曾有の事態に直面して

あらためて、2020年は本当にたいへんな1年でした。3月2日に政府の要請で小・中・高校などの一斉休校が始まると、3月11日には世界保健機関（WHO）が「パンデミック（感染症の世界的な大流行）」を表明。3月24日には東京オリンピックの1年順延が決まり、4月7日には政府が東京都など7都府県にはじめて緊急事態宣言を発令、４月16日に全国へ拡大しました。

３月２日に一斉休校が始まった直後、私は全選手を合宿所から自宅に帰らせました。日本国内はもとより、世界の感染状況を把握するにつれ、「当分は対面での授業も満足にできないだろう」と想定していたからです。そうなれば選手たちを合宿所に戻すのは１か月以上先となり、これまで通りの練習を行なわせることは長期間に渡って不可能となります。

私は後日、自宅に戻った選手と親御さんを交えて、個別にＷＥＢ会議を行なうことにしました。そこでわかったのは、練習が満足にできない現状を選手以上に心配していたのは、親御さんのほうだったことでした。

「今、練習ができなければ、ほかの学校の選手に遅れをとってしまうのではないか」

「満足に練習できる環境がなければ、体力、技術ともに劣ってしまうのではないか」

至極もっともな話ではありましたが、だからといって「それなら合宿所に戻って練習しよう」などということは、選手たちの感染リスクなどを考えたらできません。

さらに、一部の親御さんやコーチなどから、「遠く離れていても、練習できるようにメニューを考案してもらえませんか?」という要望もありました。でも、私はキッパリと断りました。なぜなら、選手それぞれの自宅周辺の環境によって、練習メニューをこなせる子と、そうでない子が出てきてしまう可能性が考えられたからです。

それに、緊急事態宣言が発令されている最中に激しい練習を自宅の周辺でしていたら、近所の人たちから異様な目で見られて苦情がきてしまうかもしれない。ですから、「練習メニューを考案したときのリスク」を考えたとき、私から率先して練習メニューを作成することがマイナスになるという結論に至ったのです。

このときの私は、「野球部の活動自粛期間中は体力と技術が低下してしまうことは致し方ない」と覚悟を決めていました。


ところが、ほどなくして選手たちが自宅周辺で練習している様子が、彼らのクラス担任の先生を通じて、動画で送られてきたのです。ある選手は、河川敷でダッシュを繰り返し懸命にやっている。またある選手は、自宅周辺のグラウンドでノックを黙々と受けている。

ピッチャーでエースナンバーをつけていた児玉悠紀《こだまゆうき》（現・青山学院大学）もそうでした。彼は宮崎の子だったのですが、地元に帰ってほかの野球名門校に進んだ選手と一緒にキャッチボールをしている動画を送ってくれたのです。

それを見ながら、私は「こっちにいるときよりもいいボールを投げているじゃないか」と冗談を言ったりしていました。そして、自ら考えて練習しようとする心構えに頼もしさを感じていました。

なぜ、生徒は自主的に動いていたのか？

なぜ、彼らはハンディキャップを抱えたような困難な状況下であっても、自ら考えて個人練習を行なうことができたのか――。それは、**「西東京予選を勝ち抜いて、甲子園に出場する」という目標があったからこそ、できた行動だったと思います。**

例年ならば3月、4月には、夏の甲子園の切符を勝ち取るための厳しい練習を積み重ねていき、春の東京大会やそこで勝ち抜いた先の関東大会、さらには練習試合などを通じて実戦経験を養っていくことができました。けれどもコロナ禍においては、そうしたことがすべてできなくなり、思い通りのスケジュールで進められません。

ただ、「西東京予選を勝ち抜いて、甲子園に出場する」という目標があったからこそ、自ら考え、率先して練習を積み重ねていくことができた。だからこそ、私があえて自粛期間中に練習メニューを作成しなくても、個々の選手が自ら考えた練習方法で、スキルアップを図ろうとしていたのだと思います。

もし私の高校時代に、今と同じ状況にあったらどうしていたでしょうか？　彼らと同じように「甲子園に出場する」という目標はありましたが、当時は厳しい練習ばかりが前面に出ていたので、恥ずかしながら彼らと同じように自主練習に励んでいた姿が想像できません。

後述しますが、私たち野球部員と当時の監督とは信頼関係を築けておらず、日頃から「どうやったら休めるか」ということばかり考えていました。そのため、間違いなく「ようし、思い切り休んじゃえ」となっていたに違いありません。それを踏まえて考えると、私の高校時代よりも今の選手たちのほうが立派だなと、感心しています。

自分からやるべきことを見つけて率先して行なう。そのためには明確な目標があったほうがいい――。コロナ禍で窮地に追い込められてあらためて、そのことに気づかされた思いがしました。

小倉流ルール

目標があるから、人は自ら動く

第1章

「心」を教える

～“一生懸命”な気持ちが、大きな飛躍を約束する～

「毎年、甲子園を狙う」チームと、そうでないチームとの差とは

ひとつの壮大な目標があるからこそ、人はそれに向かって邁進《まいしん》できる。

どんなに時代が変わろうとも、人が成長していくうえで持ち続けなければならないものが「明確な目標」です。私たちの場合で言えば、「甲子園に出場する」。これを目標に掲げることによって、途中でどんな困難な状況が訪れたとしても、それを乗り越えていくための力へと変えていくことができるのです。

監督の姿勢でチームはひとつにも、バラバラにもなる

甲子園出場を狙えるような好素材の新1年生が多く集まった場合、「2年先の甲子園を目指して、3年計画でチーム作りをしていく」と考える指導者もいるようですが、私はそうした考えはいっさい持たないようにしています。

3年生であれ、2年生であれ、彼らは入学してきた段階で、「甲子園に出場する」

ことを目標に掲げ、日々の練習に取り組んでいます。

それにもかかわらず、「この学年のメンバーでは甲子園出場は厳しいから、新入生に期待しよう」という考えを指導者が持つと、どうなるでしょうか？

おそらく、3年生や2年生のプライドを傷つけてしまい、「どうせオレたちは期待されていないんだ……」と冷ややかな雰囲気がチーム内に蔓延した結果、チームが空中分解してしまう、ということだって十分に考えられます。

監督から期待されていない3年生、2年生と、期待されている1年生の間に温度差が生じてしまい、チームが一体となれない――。そうした状況でいざ大会に臨んだとしても、相手チームに先制されたとたんに、同点に追いつく場面すら作ることなく、あっさり敗れてしまう。チームが一体となれない場合は、こんな負けパターンになりがちです。


それでは、期待された1年生が3年生になったときに、指導者の思惑通りに甲子園に出場できるのでしょうか？　もちろん出場できることもあります。もともと個々の選手のポテンシャルが高ければ、それだけで地方予選を勝ち抜くことが可能な場合もあります。

けれども、このようなチームほど、その年はたまたま出場できたものの、その後の世代では甲子園に出場する機会が一度もなかった……というケースが実に多いのです。

いつも問いかける言葉は「熱くなれるか？」

1回だけ大ブレイクして人気を博したものの、その後は鳴かず飛ばずとなった芸能人のことを、世間では「一発屋」と呼んでいるようです。芸能界に限らず、一発屋というのは、高校野球のチームにも存在しています。高い能力を持つ選手がそろった学年のときには甲子園に出場することができたものの、翌年以降はまったく勝てなくなってしまう——。

このような結果に陥ってしまう原因として考えられるのは、「熱くなれないから」だと、私は思っています。

甲子園出場を目標に掲げれば、そこに向かって努力をする。そして予選になれば、たとえ劣勢でもどうにか事態を打開しようと、個々の選手が必死になってプレーをして、形勢を逆転しようと試みる。それでも最後は力及ばず負けてしまい、甲子園出場を果たせなくなってしまっても、後輩たちは先輩たちの「決してあきらめることのないがんばり」を目の当たりにしているから、その戦い方を次の自分たちの代に生かそうとする。そうなると、すべてが好循環していくようになるわけです。

けれども、「今の3年生の実力では、甲子園に出場できないだろう」などと監督が一方的に選手の力を見限ってしまうと、選手たちに「自分たちは監督に期待されていないんだ」というマイナスの思考が伝染してしまいます。普段から力を抜いた練習に終始してしまい、それが勝負どころでの甘さにつながり、予選で意外なほどあっさりと負けてしまうのです。

そうして力のある世代がやがて上級生となり、甲子園に仮に出場できたとしても、下級生たちは、「自分たちは上級生のように力があるわけではない」という理由で、甲子園を目指すことを早々とあきらめてしまう。その後は甲子園に出場したときと同じような実力を持った選手がそろわない限り、甲子園とはまったく縁のないチームになっていく――。このようなことが、高校野球の世界では、ときとして起こり得ます。

それだけではありません。3年計画でチーム作りをしていく学校というのは、卒業するとOB同士のまとまりに欠け、甲子園に出場した世代のOBだけが大きな顔をして、グラウンドにやってきては、「オレたちが甲子園に出たときは……」などとしたり顔で、後輩たちに説教めいた話をするようになります。これでは話を聞く立場となる後輩たちも、うんざりしてしまうのは仕方がありません。

「全員で甲子園に出場する」という目標を毎年持つか持たないかで、これほどまでにチームの状況は大きく変わります。目標を掲げて試合に臨んで、たとえ負けたとしても、その姿勢は後輩たちも見ています。そうした連鎖が長く続くことで、「伝統」が作られ、ひいてはそれが「先輩たちから引き継がれたよい伝統」になっていくのです。

小倉流ルール

ひとつひとつの積み重ねが伝統となる

目標は、選手とその熱い思いまでを共有する

私は3年生や2年生のプライドを踏みにじるような思いをさせたくないと思い、毎年「甲子園出場」を目標に掲げて指導にあたるようにしています。

しかし、日大三高に来てから2001年の夏、11年の夏と2度の全国制覇を経験できましたが、投打に渡って全国を制するレベルの選手がそろうことなど、そう何度もあるわけではありません。

やる気をなくしていた3年生を変えた言葉

「投手はいいけど、打撃陣が小粒」の年もあれば、「打撃はよくても、投手陣が弱い」という年もある。もっと正直に言えば、「投打ともに甲子園に出場するのは厳しい」という年だってあります。

それでも私は、毎年のように「甲子園出場」を目標に掲げて選手たちの指導にあたっ

ています。そのことの大切さを身をもって痛感したのは、私が三高の監督に就任した1997年のことです。

当時の三高は、夏だけで言えば85年を最後に11年間、甲子園から遠ざかっていました。それ以前には79年の夏に出場していましたが、さらに前となると62年になり、夏は実に17年も空いてしまっていたわけです。春に比べて夏の甲子園出場が少ないにもかかわらず、さらに4月の年度替わりから新監督が来たとなると、3年生は「自分たちの代では甲子園出場という目標を果たすのは難しいのではないか」、そう考える部員がいたって不思議な話ではありません。

けれども私の考えは、彼らとは180度異なりました。三高に監督としてやってきたその日のうちに、3年生を含めた全部員を前にしてこう宣言したのです。

「いいか、今年の夏は甲子園を目指すぞ。みんなで一丸となって、熱い夏にしていこう」

私の言葉を聞いた3年生が、「えっ!?」と目を丸くしたのを今でもよく覚えています。三高に来る直前まで、私は関東一高の野球部の監督を務めていましたから、三高の3年生の個々の選手の特徴など、まったく把握していません。それにもかかわらず、甲子園出場を目標に掲げたのは、「3年生が高校野球に対して情熱を持ち続けて、胸を張って堂々と戦って終えてほしい」という願いがあったからです。

達成感を味わわせる

「甲子園に出場する」という目標があれば、そこに向かってやるべきことを個々の選手が真剣に取り組んでいきます。

途中、うまくいかないこともいくつかあるかもしれませんが、試行錯誤しながらどうにか乗り越えていこうとしていく。そのプロセスを3年生から1年生までの選手全員で共有して、「甲子園に出場する」という目標を目指していけば、上級生と下級生の間で熾烈なレギュラー争いが生まれ、チーム内が活性化されていく。私はそう考えていたのです。

実際、3年生は目の色を変えて練習に取り組み続け、その成果が3か月後の夏の西東京予選で発揮されました。2回戦で館《たて》（現・都立翔陽《しょうよう》）に15対4で勝利すると、3回戦、4回戦、5回戦、さらには準々決勝の佼成学園戦も10対3で圧勝しました。

あと2つ勝てば、甲子園に出場できる――。けれども準決勝の堀越との試合では、終盤にリードされ、4対6で敗戦。結局、この年は私たちに勝った堀越がそのまま甲子園に出場したのです。

甲子園出場を逃した瞬間、3年生全員、悔しさで涙がこみ上げていました。けれども、同時に「やり切った」という達成感もあったと、彼らが言ってくれました。三高の合宿所に戻って3年生たちに最後のミーティングを行なったとき、当時のキャプテンが、こう言いました。

「短い間でしたが、小倉監督と一緒に野球ができてよかったです。本当にありがとうございました」

その感謝の言葉を聞いて私は、「彼らと一緒に熱くなることができてよかった」と安堵したのと同時に、目頭が熱くなったのです。

実はこのときの3年生とは、今でも強くつながっています。三高野球部ではOB同士が一堂に集まる親睦会が年に1度開催されるのですが、このときの3年生世代のOBが中心になってすべてのOBに声がけをする役割を、率先して行なってくれているのです。時間にしてわずか4か月くらいのつき合いしかなかったにもかかわらず、ここまでよくしてくれるのには、毎度のことながら私もただただ頭の下がる思いで、心から感謝しています。

もし私が、3年生を見捨てて、2年生や1年生を大事にしようとしていたら、今のような良好な関係はなかったでしょうし、OB同士のつながりを深めていくことだってできなかったはずです。

「甲子園出場」というひとつの目標に対して、監督と選手が一体となって、熱い時間を共有できたからこそ、その後の人間関係によい影響を与えてくれていると、私は今でもそう強く信じています。

小倉流ルール

目標へのプロセスは全員で共有する

「一生懸命な姿勢」こそが、人の感情を動かすことができる

どんなに時代が変わろうとも、自らの意思でひたむきに物事に取り組む姿勢、すなわち「一生懸命」であることはとても大切です。

使い古された言葉ではありますが、一生懸命がんばった姿が、人の感情を動かし、ときには感謝されることだってあります。コロナ禍で非常事態に陥っている今、人と人とが接していくなかで、この「当たり前の精神」が大切になってくるのではないかと考えています。

10年前、東日本大震災直後の試合で

今からちょうど10年前の3月11日、東日本大震災が起きました。このときも今のコロナ禍と同様に、日本は大混乱に陥っていました。

この年、三高は春のセンバツへの出場は決まっていたのですが、震災の直後は開催

されるかどうかも定かではありませんでした。それでも「大阪に行ってから、高野連の判断を仰ごう」と考え、6日後の17日に三高野球部は甲子園を目指して大阪に向かったのです。

ところが、宿舎に向かう途中、きつい言葉を浴びせられました。新幹線で新大阪駅から在来線に乗り継いで大阪駅に着き、そこから徒歩で梅田駅まで移動して、電車に乗って宿舎まで向かおうとしていた矢先、通りすがりの人から、こんな非難する声が私たちに向けられたのです。

「こんな非常事態のときに、野球なんかやっている場合じゃないだろう！」

東日本大震災が春のセンバツが開催される直前に起きたため、そうした心情になるのも無理はないのかもしれません。梅田駅で会ったその人は、おそらく私たちの服装や荷物などを見て、甲子園に出場するどこかの学校であること、ひょっとしたら日大三高であることまでうすうす気づいていたのかもしれません。

けれども、その人の発した言葉は、その場に居合わせた選手全員の心に突き刺さりました。「自分たちは野球をやっていていいのか……」。そんな言葉を口にする選手もいました。

東日本大震災では、東京の西部にいた私たちも、今までに経験したことのないような激しい地震の揺れを学校内で体験しました。その直後にテレビで映し出された津波の映像には、全員が言葉を失ってしまいました。そのうえ地震の翌日に起きた福島第一原子力発電所の事故によって、日本中がこれからの先行きが不安で、動揺していた時期でもありましたから、「どうしていいのかわからない」という気持ちがあったのも事実でした。

それでも翌日の18日に、日本高野連では臨時運営委員会が開催され、予定通りセンバツを行なうことが決定されました。この報告を受けてから、私はすぐさま選手全員を宿舎の一室に集めてミーティングを行なったのです。その席で私は、こう言いました。

「今は野球をやりたくても、できない環境下にいる子どもたちが全国に大勢いる。そのうえ大地震で避難生活を余儀なくされている人だって大勢いる。だからこそ、こんな苦難な状況でも野球ができることに感謝しながら、誰が見ても恥ずかしくないような試合をやり抜いていこうじゃないか」

甲子園の初戦の相手は高知の明徳義塾に決まり、大会屈指の好カードとして注目されました。明徳の馬淵史郎《まぶちしろう》監督は当時、春夏合わせて20度の甲子園に出場していて、一度も初戦敗退がありません。初戦にいきなり強豪と、しかも初戦敗退がゼロの監督であるという情報を聞けば、普通であれば「負けてしまうんじゃないかな……」などと、ネガティブなイメージを抱いてしまうものです。

けれども、このときの私たちは、**「全国でテレビ観戦したり、ラジオを聴いてくれたりしている人たちの前で、堂々とした試合をお見せしたい」**という思いのほうが強く、「ちょっとやそっとの劣勢ではへこたれないぞ」と気持ちを奮い立たせて試合に臨んだのです。

「避難所にいたみんなが勇気をもらいました」

試合は大方の予想通りの大接戦となりました。3回裏に三高が1点を先制したものの、5回表に明徳が逆転。その後は点を取り合って、4対4の同点から8回表、ノーアウト一、三塁で明徳のバッターがセカンドゴロを打った際、三高の菅沼《すがぬま》賢一のホームへの送球がハーフバウンドとなり、キャッチャーが捕球できずに、1点を失ってしまったのです。

このとき、キャッチャーの鈴木貴弘の顔面にボールが当たって前歯が折れてしまい、ベンチ裏で応急処置を施す事態になりました。けれども鈴木本人は動じる様子もなく、私が、「大丈夫か？」と声をかけると、「大丈夫です！　やれます！」と元気に言ったので、そのままグラウンドに送り出しました。直後、送球ミスをしていた菅沼のところに駆け寄り、こう声をかけてくれたのです。

「びびるんじゃないぞ。今度も同じ場面になったら思い切って投げてこい！」

こんな状況でも、仲間に気配りのできる鈴木の視野の広さには、正直私も助けられました。

その後のピンチは切り抜け、その裏の三高の攻撃でワンアウト一、二塁という場面で打席に回ってきたのが、直前の守備で顔面に送球が当たった鈴木でした。すると、彼が思い切り振ると、打球は左中間を破り、一塁ランナーまで生還する逆転のツーベースに。これが決勝点となって6対5で勝利したのです。

そして、試合を終えて宿舎に帰ると、岩手の知人の先生から電話をいただきました。その先生は、震災で避難所生活を余儀なくされているとのことでしたが、電話の向こうでこうおっしゃってくれたのです。

「歯を負傷した選手がグラウンドに戻ってプレーして、逆転のタイムリーヒットを打ってくれたというのをラジオで聴いて、避難所にいたみんなが勇気をもらいましたよ」

夜、ミーティングで全員を集めて、この話を伝えました。

「鈴木、お前さんのあの必死のプレーで、岩手の避難所にいる人たちが勇気をもらったって、言ってくれたんだぞ。お前さんが逆転タイムリーを打ったとき、みんなが拍手してくれたらしいぞ。やったな！」

そう話すと、鈴木本人はもとより、選手全員の目から涙がこぼれ落ちました。私自身もその光景を見て、涙をこらえることができませんでした。

「いいか、お前たち全員が勝ち負けを超えて一生懸命プレーしたからこそ、多くの人の心を動かすことができたんだ」

彼らはその後も2回戦、準々決勝と勝ち続けました。準決勝では残念ながら九州国際大付属に敗れてしまったのですが、選手たちが私との約束を守り、堂々とした試合を見せ続けてくれたことは、今でも私にとっての誇りです。

一生懸命、取り組む姿勢を見せることで、多くの人の感情を動かす、すなわち感動させることを、鈴木を含めた選手全員のプレーから、私はあらためて学んだ気がしました。

小倉流ルール

一生懸命な姿は、人の心を動かす

一生懸命に物事に取り組めば、どんな困難な状況に陥っても道は拓ける

私は、選手たちには日頃から「野球はもとより、何事にも一生懸命取り組みなさい」と言い続けています。「一生懸命」という言葉の大切さは前項でもお話ししましたが、もうひとつ、大切な意味が込められています。それは、「成果が自分にきちんと返ってくること」です。

なぜ、無名選手だった私がコーチに選ばれたのか

私自身が過去に経験したことからも、一生懸命やれば、成果が自分にきちんと返ってくると言い切れます。私は高校3年間、三高で泥まみれになりながら練習していましたが、結局レギュラーにはなれず、背番号13の控え選手のまま高校野球を終えました。

そして日本大学に進学して、「これからの人生、何をやっていくべきか……」と考

えていた76年の秋、三高のOBでもある小枝守《こえだまもる》さん（のちの拓大紅陵監督・日本高等学校野球連盟技術・振興委員。2019年1月に死去）に、「三高の野球部を、コーチという立場で手伝ってもらえないか」と声をかけていただいたのです。

小枝さんは、当時25歳の若さで三高の監督に就任したのですが、そのサポートを私にということでした。

けれどもこのときは、「コーチに就任できた」といううれしさよりも、「私がなぜコーチに？」という疑問のほうが上回りました。私は高校の3年間、元気だけがとりえで、それ以外は長所という長所がない選手でしたので、「なぜコーチに指名されたんだろう？」という思いのほうが強かったのです。

一方の小枝さんは、25歳という若さでありながら、指導者としてのキャリアは十分でした。高校時代はセカンドとサードを守り、68年の2年生の春には控えメンバーながらセンバツ大会（第40回大会）にベンチ入りし、3年生のときにはキャプテンを務めていました。高校卒業後は日大で野球を続けていましたが、2年生のときにケガのためプレーヤーを断念。その後は三高のコーチとしてキャリアをスタートさせて、70年（第42回）、71年（第43回）、72年（第44回）、74年（第46回）と4度のセンバツに出場し、71年に優勝、72年は準優勝を経験されています。

私は小枝さんとは、コーチと選手という関係で、73年から75年まで同じグラウンドで汗を流しました。コーチへの就任のお声をかけていただいた小枝さんに聞きました。

「どうして私をコーチに選んだのですか？」

「君は高校時代は控えで終わったけれども、一番大きな声を出してチームを鼓舞していた。そのうえ裏方の仕事も嫌な顔ひとつせずに、率先して黙々とこなしてくれた。だから指導者に向いているんじゃないかと思ったんだ」

この言葉を聞いて、私に迷いはありませんでした。

「ぜひ、やらせてください」

こうして私の指導者人生はスタートしたのです。

コーチは、監督と選手に挟まれているなかで、どういった役割を果たしていくべきか。小枝監督に相談しながら、まさに試行錯誤の日々でした。

当時は指導者としてのノウハウなどまったくなく、それこそ素の自分をさらけ出して、全力で選手と向き合っていくことくらいしかできませんでした。けれども、選手が少しずつうまくなっていくと、自分のことのように喜んだりしていたのです。

そうして毎日を過ごしていくなか、77年、78年は甲子園に出場することができなかったものの、79年の夏にはついに62年以来17年ぶり6度目の甲子園出場を果たしました。残念ながら1回戦で天理に4対5で敗れましたが、この出場を機に、「夏ははじめての全国制覇も夢じゃない」と、三高野球部のOBたちの期待はヒートアップしていきました。

けれども、その後の2年間、春夏ともに甲子園に出場することができず、もがき苦しみました。そして81年の夏、西東京予選の4回戦で法政一高に0対3で敗れた直後、急遽、小枝監督とコーチである私の解任が、年の離れた三高野球部のOBたちの話し合いで決まったのです。

正直、このような仕打ちに私は憤《いきどお》りました。なぜなら「この2年間、甲子園に出ていないから」という理由で、監督とコーチを解任して、「はい、それでは次の人」というのでは、あまりにも理不尽過ぎると思ったからです。

どうにもやり切れない思いを抱きながら、私は野球以外の就職先を探そうとしましたが、「なんだかんだ言っても、ノックバットを持っている自分が一番いいな」という結論に至りました。

そこで私は、大学時代に教職課程を取った資格を生かすべく、千葉の実家の農業の手伝いをしながら教員の採用試験を受けて、公立の学校で野球部の監督をしようと考えたのです。

妥協していたら今の立場はなかった

そんなとき、三高のある野球部のOBから「関東一高で野球部のコーチを探している」という話を耳にしました。

当時の東京、とりわけ関東一高のある東東京は、早稲田実業を筆頭に、帝京、二松学舎大付属、城西、日体荏原《えばら》（現・日体大荏原）などが上位を占めていました。関東一高は甲子園出場こそなかったものの、「これから野球部にも力を入れて強化していく」という話も併《あわ》せて聞いたのです。

そのために関東一高は、三高の監督を解任された小枝さんを監督に据えて、私をコーチに招聘《しょうへい》しようと考えていました。けれども小枝さんが「東京の高校では監督をやりたくない」とその話をお断りし、「小倉君に監督をやらせてあげてください」と、関東一高の当時の理事長に推薦してくださったというのです。

「彼は選手と一緒に汗を流して、一生懸命がんばることのできる男です。将来的に見ても、関東一高にとって財産となる人材ですよ」

小枝さんがそう話してくれたと、のちに当時の理事長からお聞きしましたが、私はただただ感謝するしかありませんでした。

三高のコーチ時代、私はチームの結果が出ようと出まいと、一喜一憂することなく、毎日グラウンドで選手と向き合ってきました。気の抜いたプレーには、「しっかりしろ！」と叱咤することもあれば、いいプレーを見せたら、「いいよ、今のは最高だぞ！」と賛辞の言葉を惜しまず口に出す。そうした私の指導ぶりを、小枝さんは間近で見ていたからこそ、「小倉には監督が務まる」と判断していただけたのかもしれません。

だからこそ、今でもふとしたときに、こんなことを考えることがあるのです。

もし高校時代に「自分は控えだからもういいや」と妥協しながら日々の練習をやっていたらどうなっただろうか？

もしコーチ時代に、選手と真剣に向き合わずに、適当にやって毎日を過ごしていたら今の自分はあっただろうか？

どちらかが欠けていても、私の「関東一高の監督」はなかったと断言できます。**関東一高で監督ができたのは、「一生懸命やっている自分」を小枝さんが評価してくれた結果であることは間違いありません。**

そして関東一高でキャリアを積み重ねたことによって、再び母校の監督を務めることができたのですから、結果的に解任されたとはいえ、三高のコーチ時代に一生懸命やっていたことは正しかったと断言できるのです。

このことは、ほかの人も例外ではありません。与えられたポジションで果たすべき役割を遂行する。その姿を、他人が評価してくれているんだということを、私は選手たちに日々教え続けています。

もちろん、今日やったことは、明日評価されるとは限りません。半年後、1年後、ひょっとしたらもっと先になるかもしれない。それでも一生懸命やったことは、のちに時間が経ってからでもきっちり自分に返ってくることは間違いありません。

小倉流ルール

救ってくれたのは「一生懸命にやっていた自分」

一生懸命やっていれば、人は必ず見てくれている

一生懸命、物事に取り組んでいれば、必ず見てくれる人がいる。そして、その人たちは自分にとっての強力な味方になってくれる。だからこそ「手を抜かずに全力で取り組むこと」は大切なのです。

野球から離れても、常に全力で取り組んだ

私は関東一高時代、野球部の監督をクビになったことがあります。88年夏の東東京予選が終わった直後に、監督をクビになったのです。前年の春のセンバツでは準優勝をしたものの、その年の夏の東東京予選ではベスト8で修徳に5対12、翌年の夏の東東京予選もベスト8で帝京に1対8で敗れて甲子園に届かなかったことが理由でした。

私自身、監督に就任してから4年目の夏（1985年）に甲子園に出場し、その2年後のセンバツではPL学園に敗れたものの、準優勝という結果を出すことができた

ので、なぜクビを切られたのかがわかりませんでした。

このとき私は、「もう二度と野球を教えることはしない」と誓ったのと同時に、「一教師として、生徒たちの指導にあたろう」と考えていました。野球部の監督は辞めたものの、教職免許を取っているので生徒たちを教えることができたからです。このとき支えになってくれたのが同僚の先生方でした。私が野球部の監督を辞めた経緯は、みなさん知っていました。けれども、私はそのことを愚痴ることなく、生徒の将来の幸せだけを考えるようにしていたのです。

このときの私はいろいろな先生と話をしました。もちろん、授業のことや生徒のことが話の中心でしたが、私より年下の若い先生たちとも朝、夕を問わず話し込むことも幾度となくありました。

監督をクビになってから2年目、私は当時の理事長から、「小倉君には学年主任になってもらう」と厳命されました。

1年目はクラス担任だけですんだのですが、こうなると立場的にも学年全員の先生方をまとめていかなければいけません。このときばかりは学年主任の任務を遂行しようと尽力しました。ときには私より年上の人生経験豊富な先生と、学校全体のことまで話し込むこともありました。

この間、私は「野球部の監督時代に、甲子園で準優勝したんだ」というプライドはすべて捨てました。甲子園の準優勝監督の肩書きは過去のものであって、今はグラウンドを離れた立場にいますから、学年主任として慌ただしい毎日を過ごし、生徒たちに全力で向き合っていたのです。

そんな姿を多くの先生が見ていたからでしょうか。気づけばあちらこちらから「小倉先生、小倉先生」と声をかけられることが多くなっていきました。

生徒の進路相談をもちかけられたかと思えば、ときにはくだらないバカ話で盛り上がる。放課後、工業科の先生から「小倉先生、コーヒーが入ったからちょっと飲んでいかない？」などと言われると、30分くらいは井戸端会議をしながら休憩するなんてこともありました。

野球部の監督をクビになったときに、「もう二度と野球部の監督には戻らない」と頑《かたく》なに誓っていたのですが、今振り返ってもこのとき過ごした時間は、そうした苦い思いを忘れさせてくれるほど充実していたように思います。

そして、92年12月に野球部の監督への復帰が決まり、94年の夏に4年ぶりの甲子園出場を果たしたときには、先生方がまるで自分のことのように喜んでくれました。

「小倉先生、おめでとう。あっ、監督のほうがいいんでしたっけ？」

「いやいや、どちらでもいいですよ。そんなことで気をつかわないでください」

甲子園出場が決まった直後、そんな会話をしながら、また多くの先生方と話し込んでいたのです。

全力でやった私に、先生方が言ってくれたこと

さらにその2年後、私にとって人生の分かれ道が訪れました。私の母校である日大三高から監督就任のオファーが届いたのです。ただ、私はそれをすぐには決断できずにいました。関東一高の先生方は、私がなぜ三高を辞めたのか、その経緯を知っていますし、私もどうしたらいいのか、なかなか結論が出せずにいたのです。

この相談をある先生にしたときには、こんなことを言われました。

「小倉先生は関東一高の監督として実績を残されたのですから、ここに残って監督を続けたほうがいいですよ。また昔のような苦労をするなんて、私は我慢なりませんよ」

また、ほかの先生はこう言ってくれました。

「先生の母校が低迷しているんです。助けてあげるつもりで、一旗揚《ひとはたあ》げてみるのもいいんじゃないでしょうか」

どちらの意見も私にとってはありがたい話でした。一方は関東一高に残って監督をやったほうがいい、もう一方は三高に行って監督になったほうがいいという、まったく両極端な話なのですが、2つの話に共通しているのは、「私のためを思って言ってくれていたこと」でした。そのことを私自身が身に染みて理解していましたから、限られた時間のなか、本気で悩み抜きました。

そうして考え抜いて最終的に出した結論は、「三高に行って監督になる」ことでした。私は先生方全員にそのことを伝えました。すると、こう言ってくださったのです。

「小倉先生はここで監督から離れていたとき、本当に一生懸命やってくださいましたよね。あのときの気持ちがあれば、どこに行っても大丈夫ですよ」

この言葉は本当にありがたかったですし、関東一高に来てよかったなと心の底から思ったのでした。

今でも考えることがあります。もし関東一高時代に、野球部の監督から離れたときに、いい加減な気持ちで教師を務めていたらどうなっていたのか？

おそらく、誰も私という存在を認めてくれなかったどころか、親身になって相談にも乗ってくれなかったと思います。また、自分より年上、年下などは関係なく、私はどの先生とも同じように接していました。そうした振る舞いもほかの先生が見てくれていましたから、「小倉先生なら三高に行ってもしっかりやるだろう」と思ってくれたのかもしれません。

人間、生きていればいいこともあれば悪いこともあります。けれども、どんな状況においても昔の栄光など引きずらず、目の前のことを一生懸命、全力で取り組むことで、人は高く評価をしてくれる――。私はそう信じているのです。

小倉流
ルール

全力で取り組むことで自ずと評価はついてくる

第2章

「人」を育てる

～「今どきの子ども」を伸ばすちょっとしたコツ～

「伸び伸び」と「野放し」を一緒にしてはいけない

「伸び伸び」と「野放し」は違う。このことを指導者は理解しておかなければなりません。このことをごっちゃにして人を指導している指導者は、世のなかには意外と多いものです。

試合前、選手に必ず伝えること

甲子園の大舞台に立ったとき、選手たちは3年間、この舞台に立つために厳しい練習を積んできたという自負があります。そこで私は、どんな強豪校を前にしても、試合前に必ず次のことを伝えるようにしています。

「ピッチャーは、相手のバッターに自分のボールが通用するか真っ向勝負していくんだ。バッターは、三振するのを恐れずに思い切りスイングしてきなさい」

3年間、グラウンドでがんばってきたご褒美の先が甲子園なのですから、勝ち負けももちろん大事ですが、それ以上に、**持っている力のすべてを発揮すること**のほうが大切だと私は考えているのです。

甲子園の切符をせっかく自分たちでつかんでおきながら、悔いの残るような試合だけはしてほしくない。監督である私は、作戦面でのサインを選手たちに出しますが、それをプレーという形で実行するのは、ほかならぬ選手たちです。

変に「勝たなきゃいけない」というプレッシャーをかけるよりも、**夢にまで見た甲子園で全力でプレーできるよう、監督が選手を盛り上げていく。それこそが、「伸び伸び」であると**、私は考えているのです。

２０１１年夏に全国制覇したときもそうでした。このときの選手たちは、優勝が狙えるメンバーがそろっていましたが、だからといって、「負けたら承知しないぞ」などというプレッシャーをかけることなどいっさいありませんでした。

「自分の持っている力をすべて出し尽くしてくれたら、それで十分だ」と選手にも言っていましたし、この言葉はウソ偽りのない本音です。

これから先も、甲子園に出場するチャンスがあったら、選手が甲子園で伸び伸びプレーできるような言葉をかけ続けていこうと思っています。

「常識」をおろそかにさせない

反対に、「野放し」にしてはいけないところは「常識」の部分です。とくに野球以外の日常生活における礼儀やマナーについては、日頃から選手に口が酸っぱくなるほど、私は言い続けています。

たとえば、あいさつもそう。三高では、私と選手たちが合宿所で共同生活をしていますので、朝になれば当然、「おはようございます」のあいさつから始まります。

ところが、このあいさつが、「おはようっす」「おはようござっす」などと、きちんと「おはようございます」と言えない選手もいます。ひどい場合は、「うぃーっす」とあいさつをする者もいました。

このようなとき、私は1人の選手に対してだけではなくて、全員を集めて次のような言葉で注意をするようにしています。

「あいさつっていうのは、自分が相手にいい言葉を贈り、相手からもいい言葉をもらうことでお互いつながって生きていると認識するものなんだ。だから『おはようございます』をしっかり言葉に出して言うんだぞ」

「おはようございます」「こんにちは」「こんばんは」という、日常で何気なく使っているあいさつは、もともとお天道様へ朝・昼・晩に感謝を表した言葉だと言われています。感謝の言葉を口にすることで、みんなの気持ちを通い合わせてお互いに思いやる。だからこそ私は、あいさつを大切にしているのです。

野放しにさせないのは、あいさつだけにとどまりません、掃除の仕方や毎日使用する洗濯機やトイレ、お風呂でのマナー、果ては食事の際の箸の持ち方にいたるまで、注意すべきケースが出てくると、そのつど選手を全員呼んで注意するようにしています。

このほかにも、電車やバスなど、公共交通機関を利用する際のマナーについても話すようにしています。監督の前では平身低頭でも、学校を離れると傲慢《ごうまん》なふるまいをしてしまうというのでは話になりません。

三高の野球部員であるのと同時に、一生徒であるという自覚を持たせ、社会的なマナーを身につけさせることも、私は大切だと考えているのです。

このとき、「選手たちから『監督はいちいちうるさいな』と思われているんじゃないだろうか」などと考えてしまったら、その時点で選手に対して注意できなくなるものです。けれども私は、選手に注意するときは、次のように考えています。

「今注意しなければ、いつまで経っても同じ過ちを繰り返すことになってしまう。場合によっては、自分の行動が過ちだと気づいていないことで、1人だけではなく、多くの人にご迷惑をおかけすることになるかもしれない。それなら今、私が教えてあげるべきなんだ」

そうすると、「おい、ちょっとみんないいか」という言葉が自然と出てくるようになるのです。**このとき私は選手をいっさい怒鳴ったりせず、諭《さと》すように話すことを心がけています。**私の言葉を一度で理解する選手もいれば、2回、3回言っても聞かない選手もいます。だからといって、「1回注意したからいいや」ということは絶対にしません。全員が理解するまで注意し続けることが、指導者には必要だと思っているのです。

小倉流ルール

注意することを躊躇しない

遠くの大きな目標よりも、目の前の小さな目標を作り続ける

大きな目標をクリアするために必要なこと、それは「小さな目標を数多く作ってクリアし続けること」だと考えています。

「来週の休養日」を楽しみにさせる

選手が掲げる大きな目標と言えば、「甲子園に出場すること」ですが、たとえば2年生の新チームになってからこの目標を設定しているのであれば、果てしなく遠いものに感じてしまいます。

「1年なんてあっという間じゃないですか」とおっしゃる人もいるかもしれませんが、大人と高校生とでは、過ぎていく時間の速度が異なるように感じます。つまり、大人にとっては「たかだか1年」であっても、選手たちからしたら「かけがえのない1年」となるのです。

そこで私は、新チームになってからは、「1年後の甲子園」ではなく、身近な目標、たとえば「来週の休養日」を励みにがんばらせるということをしています。

「休養日を与える」ことは、選手にとって非常に大きなことです。昔は「練習を1日休んでしまうと、その分を取り戻すのに3日かかってしまう」などと言われていました。けれども、このことを科学的な見地から誰かが研究したという話も聞いたことがありませんし、明確な根拠があるわけでもありません。すべては、昔の人たちの迷信に過ぎないのです。

三高では現在、毎週月曜日を休養日に充てています。普段、どんなに厳しい練習をしていても、目の前に休みがあるからこそがんばれるのです。さらに言えば、決められた休養日以外のときにも、選手に休養日を与えることもあります。

たとえば激しい練習を積み重ねてきて、明らかに疲れが見えているような場合です。こんなときに無理に練習をしてしまうと、大きなケガにつながってしまうことだって考えられます。

そこで私は、「今日、オレのノックを50本捕ったら、明日は休みにしてやるぞ」という提案をします。すると、選手の目の色は間違いなく変わります。明らかに「明日は休みだからがんばろう」というオーラを漂わせ、気持ちのこもった実のある練習へとつながっていくことが多いのです。

休むことのリフレッシュ効果は侮れない

このような話を、ほかの高校の監督にすると、「そんなに選手に休みを与えて、不安にならないんですか?」などと聞かれることがありますが、私はそうは思いません。

休みがあることで、それを糧《かて》にして練習にいっそう打ち込むことができる。休むことによってリフレッシュできて、それが翌日からの活力になる――。

この2つのメリットがあるのがわかっているからこそ、私は選手に休みを与えているのです。彼らもグラウンドを離れれば、1人の高校生です。普段は野球に真剣に打ち込む一方、普通の高校生と同じように遊びたいときもあると考えていても、不思議なことではありません。

ファーストフード店やカラオケ店で楽しんだり、映画を観に行ったり、ディズニーランドで満喫した気分を味わう。そうしたことで気持ちを切り替え、再び野球に真摯に打ち込むことができるのであれば、それは大きなプラスになると思っているのです。

毎年12月に行なう三高恒例の強化合宿にしたってそうです。2週間の長丁場で、まだ陽の昇らない早朝から夜遅くまで必死になってボールを追いかけたり、バットを振り込んだりしています。選手も内心は「きついなあ」「逃げたいなあ」などと思っているかもしれません。

でもそんなときに、「この合宿が終わったら、みんな年が明けて学校が始まるまで休んでいいからな」と言ってあげると、俄然《がぜん》やる気を見せるようになるのです。

もちろん私は宣言通りに、強化合宿が終わったら長い休みを与えます。年末年始は家族や友人たちと過ごし、束の間の長期休暇を楽しんで英気を養ってほしいと考えているからです。

このように、目の前の休みを励みにがんばらせながら、冬、春を過ごし、来《きた》る最後の夏に向けて着実に階段を上らせていきます。大きな目標を達成させるために、小さな目標を作って1つひとつクリアさせていくことで、実力をつけていくというやり方は、選手のモチベーションをアップさせるという面においても非常に効果的なのです。

小倉流ルール

小さな目標を着実に達成させる

2時間の試合に集中させるための「魔法の言葉」

試合において、選手の集中力を持続させるにはどうすればいいのか――。指導者であれば誰もが直面する課題です。

人生80年、そのうちたった2時間だけ集中すればいい

高校野球の試合は9回で勝負を決するまでに、平均して2時間前後を要します。1回から9回まで試合をするなかで、相手チームに得点を奪われる状況というのは、一度や二度はどうしても作り出されてしまうものです。

たとえば、試合のリズムがまだ作れない初回、中だるみする中盤の5回から6回、疲労が色濃くなってくる終盤の8回から9回にかけては、失点を重ねてしまいがちです。

そのとき監督が選手全員に、「試合に集中しろ！」などと檄《げき》を飛ばすこともあるでしょうが、その言葉によって最大の効力を発揮され続けるわけではありません。実際、

私も三高のコーチ時代、関東一高の監督時代には、こうした言葉をよく言って選手を鼓舞していたのですが、なかなかうまく集中力を持続できずにいました。

そうして年月が経った2001年の夏。西東京予選で優勝を決めて、甲子園出場が決まった直後、私の兄が「甲子園の暑さに負けないように」という意味合いを込めて、新宿の歌舞伎町で焼肉パーティーを開いてくれたのです。すっかりお腹いっぱいになって帰路につこうと歌舞伎町の繁華街を歩いていたところ、呼び込みのボーイさんにこう言って呼び止められました。

「お客さん、人生80年のうち、今の1時間だけ私にいただけませんか」

直感的に「いい言葉だな」と思い、少しだけそのお店でお酒を飲むことにしました。ボーイさんにしてみれば、お客さんを呼び込むための口説き文句だったのかもしれませんが、帰りの電車で、「さっきの言葉は選手たちに使えるぞ」とひらめいたのです。

翌朝のミーティングの場で、選手たちを前にして、私はこう言いました。

「あと数日で甲子園大会が始まる。試合になったら緊張することもあるかもしれないが、**人生80年だとしたら、そのうちたった2時間だけ試合に集中すればいいんだ。**そう思えたら野球なんて簡単だろう。それぐらいリラックスした気持ちで試合に臨もう」

あのボーイさんの言っていた1時間を「2時間」に置き換えて選手に伝えたのです

が、選手も一同に「そういう考え方もあるよな」と納得した様子でした。

「緊張するな」と言っても効果はない

「人生80年、そのうち2時間だけ試合に集中しよう」

この言葉は甲子園に行ってからも、また現在にいたるまで、私は大事な試合がある前には、判で押したように用いています。「がんばって試合に集中しろ」という言葉だけでは物足りなく、選手自身もその場ではわかっているつもりでも、いざ試合になるとその言葉は脳裏から抜け落ちてしまうものです。

けれども、「人生80年、そのうち2時間だけ試合に集中しよう」という言葉だと、ずっと心のなかに残るだけでなく、「そうか、もっともっとシンプルに考えればいいんだ」と、肩の力が抜けてリラックスするようになります。まさにこの言葉は、選手の本来持っている実力を発揮させるための、「魔法の言葉」とも言えるのです。

話にはまだ続きがあります。この年、甲子園で優勝が決まったあと、選手全員に種明かしをしました。

「実はこの言葉はオレが考えたんじゃない。歌舞伎町のボーイさんに言われたのをアレンジしてみただけなんだ」

するとと、「えっ、そうなんですか⁉」と一様に驚かれました。ただ、一部の選手からこんな声が上がったのを、今でもよく覚えています。

「『人生80年のうち、2時間だけ集中しよう』というのは、なんだかその通りだよなと思って、心にストンと落ちてきたんですよ」

「そうなんです。不思議なんですが、試合でどんなにピンチの場面が訪れても、『2時間だけ集中すればいいんだ』と思えた瞬間に、力《りき》みがなくなったんですよ」

試合を前にした選手に「緊張するな」と言っても、容易にできることではありません。ましてや大きな試合になればなるほど、普通であれば緊張感は増してきてしまうものです。そんなときに、「人生80年のうち、2時間だけ集中すればいいんだ」と声をかけてあげることで、選手の肩の力が抜けてリラックスした状態で試合に臨むことができる。私はユニークな言葉を歌舞伎町のボーイさんからいただいたと思っています。

小倉流ルール

伝わりやすい言葉を繰り返し伝えていく

夏に勝てるチームと勝てないチームの決定的な指導者の差

3年生にとって、最後の大会となる夏に勝てるチームと勝てないチームの決定的な差とは何か――。こう聞かれたら、私は迷わず、「監督と選手全員の気持ちが熱くなっているかどうか」だと答えます。

そして、熱くなるために必要なのは、「指導者が選手の心を盛り上げるような言葉をかけてあげること」に尽きると考えているのです。

みんなの前で叱り飛ばす他校の監督を見て

春の大会が終わったあとの5月下旬から7月上旬にかけての期間の週末は、練習試合で実戦経験を重ねていきます。どの学校もそうでしょうが、夏の大会に向けて個々の選手の技術の向上もさることながら、練習試合を通じてさまざまなシチュエーションに対応できるよう、状況判断を磨くということも行なっていくわけです。

ある学校との試合でのことでした。0対0の5回裏、三高の攻撃もツーアウトランナーなしという場面で、味方のバッターがショートゴロを打ったのです。当然、ショートがさばいて一塁でアウト……と思いきや、ショートが一塁へ悪送球をして、バッターランナーが二塁へ進塁したのです。

続くバッターがこのチャンスを生かしてレフト前へタイムリーヒットを放って先制し、さらに後続が3連打を放ち、このイニングだけで一挙に3点を奪いました。

その後、チェンジになって相手の選手が自軍のベンチに戻ったとき、事件が起こりました。

「おい、ショートちょっと来い！」

相手の監督が鬼のような形相をして、ショートを呼び止めたのです。

「なんであんな送球をしたんだ！　ミスするような場面じゃないだろう！」

さらに相手の監督の怒りのボルテージは上がっていきました。ショートを守っていた選手の顔を見ると、うつむいて一言も発していないように思えた次の瞬間です。

「こんなつまらないところでエラーをするなら、お前なんかスタメンで使うんじゃなかったよ！　やる気があるのか！」

一方的に怒鳴りたてているのです。そして自軍の攻撃が始まっても、監督はその選手を責めたて、一向に収まる様子がありません。

私はこうした光景を見るたびに、「あれじゃあ選手はやる気をなくしちゃうよな」と感じてしまいます。このことはベンチで一緒に見ていた三木有造《ゆうぞう》部長も、私と同じ考えでいてくれたようで、「試合中にあそこまで叱る必要はないですよね」と、相手のショートの選手に同情していたのです。

理不尽な叱責ほど、選手はやる気をなくしていく

実は、この叱り方こそが大きな間違いであり、夏の大会に向けてモチベーションを下げる要因につながってしまうことに、相手の監督は気づいていなかったのです。

ミスしたことを、「ダメだ、ダメだ」と強い口調で叱責してしまうだけでなく、それを長々と続ける。これでは、叱られた当の選手本人のモチベーションは低下する一方です。

それだけではありません。みんなが見ている前で、恥をかかせるような叱り方をしてしまうと、チーム全体の士気にも影響します。選手たちは口には出さないものの、こんなふうに内心あきれているものです。

「あーあ、また始まったよ」

「この説教、いつまでやってんだよ」

こうなると、「一度ミスをしただけであんなに叱られるんだったら、無難にプレーしていたほうがいいんじゃないか」などと、選手のほうが勝手に自己判断をしてしまい、こじんまりとしたプレーに終始しがちになるのです。

もし自分たちの選手が暴投してしまったら、私ならベンチに戻って来た直後に、こう言います。

「お前さんが暴投するなんて珍しいな。どうしちゃったんだ?」

相手が答えやすくなるような言葉をかけるようにしています。すると、暴投をした選手は、「申し訳ない」と素直に反省している気持ちがあるので、冷静に暴投した場面を振り返ることができるのです。

「実は大事にいこうとしたら、腕の振りが鈍ってボールが高めに浮いてしまったんです」

などと説明してくれたのであれば、私はこう言ってこの件は水に流してしまいます。

「そうか。だったら次に同じような場面がやってきたら、手加減することなく思い切り腕を振ってファーストミットに投げ込むんだぞ」

ミスをしたことを一方的に叱ることなどせず、原因を聞いて解決策を講じる。これだけでいいのです。それだけで選手自身も反省し、「もっともっとうまくならなくちゃ」と練習しようとする意欲に燃え、夏に向けての気持ちの盛り上がりにつながるのです。

ミスは誰にだってあります。もちろん当の本人だって、ミスをしたくてするわけではありません。一生懸命プレーしたなかでのミスは、必要以上に叱ることなどせずに、失敗の原因をきちんと分析して、次に同じ場面がやってきたときに修正できていればそれで万事がすむのです。

それにもかかわらず、選手がエラーしたことを監督が咎《とが》めようとばかりにいつまでもネチネチ、グチグチ叱っているようだと、選手のやる気は間違いなく削《そ》がれていきます。そのうえ、誰かがエラーするたびに監督のお小言が続くのです。

「もう甲子園なんてどうだっていいや」

「早く夏の大会を終わらせて、長い夏休みを楽しもうな」

きっと、そんな雰囲気になってしまうでしょう。これでは監督と選手全員が一体となって、熱くなるような雰囲気など作り出すことができません。

監督が選手を熱くさせるような言葉をかけられるのか、それとも腐らせてしまう言葉をかけるのか、それによって、チームのその後の運命は大きく変わってくるのです。

実は、ここでお伝えしたエピソードは、みなさんも必ず聞いたことがある、甲子園の常連校の話です。こう言うと、「どこの学校ですか？」と気になる人もいるかもしれませんが、「春のセンバツにはけっこう出場しているものの、夏はほとんど出場したことのない学校」ということだけお答えすることにしましょう。

小倉流ルール

ミスの原因を聞いて解決策を講じる

叱ったときに選手を許すタイミングを間違えてはいけない

叱ったときに、どのタイミングで許すべきか。指導者の力量が試される瞬間でもあります。とくに夏の大会を控えた時期に選手を叱り、許すタイミングを見誤ってしまうと、選手の気持ちを熱くすることができなくなってしまいます。

叱ったあとは引きずらないこと

たとえば、選手が練習に実が入っていないと感じたとき。声出しにしても、選手の動きにしても緊張感がなく、また熱意がない。

「ダメだ、ダメだ。こんな練習やっていたら甲子園なんか行けっこないよ！　お前らにノックを打つのはもうやめるからな！」

私はそう言って、ノックバットをグラウンドに置いたままにして、その場から離れてしまいます。選手が熱くなることを期待しているのに、熱量と緊張感が不足しがちな状況にサジを投げる……。こうした経験をお持ちの指導者の方は、意外と多いのではないでしょうか。

ただし、問題はそのあと、つまり「選手を許してあげるタイミングはどこなのか」ということです。グラウンドに残された選手たちは、不安そうにしています。私の場合で言えば、少し時間が経ってからキャプテンと副キャプテンが頭を下げに来ます。

「監督さん、すみませんでした。自分たちは心を入れ替えて練習しますので、もう一度、グラウンドに来てノックを打っていただけないでしょうか」

ただし、ここで私はすぐには許しません。なぜ私がノックをやめたのか、あるいはなぜ私がグラウンドから離れてしまったのか、その説明をするのです。

「あんな態度で練習をやっていて、すぐに謝りに来られたって、本当に反省しているって言えるか?」

それから、そう言いながら、キャプテンと副キャプテンの表情を見るようにしています。このとき自分たちに非があったことは彼らも認識しているようで、心から反省している様子がわかります。それらが確認できたうえで、2人をグラウンドに帰るよううながします。

「わかった。お前たちの気持ちはわかったから、いったんグラウンドに戻りなさい」

そうして10分から20分経ってから、私は再びグラウンドに戻るのです。

このとき選手たちは自主練習のようなことをしていますが、私の姿を見た瞬間に、キャプテンが「集合」と合図をかけて全員が集まってきます。そこで私は、こう言って再びノックを開始するのです。

「いいか、さっきはあんなふうに叱ったけど、チンタラ引き締まらない練習をしていたって意味ないし、ケガをするだけだからな。もう1回、ノックを打つから、自分のポジションについて声出しをしっかりするんだ」

このとき仮に選手がエラーをしても、咎めるようなことは絶対にしません。一生懸命必死にボールに食らいついていることがわかれば、私はそれを評価し、それまであったことすべてを水に流してしまいます。そして、そのあとはこのときのことをいっさい引きずらないようにするのです。

「叱る➡改善策を言う➡やらせてみる」というひとつのサイクルまで

ところが、もしキャプテンと副キャプテンが謝罪に来たときに、指導者がいつまで経っても許さなかったとしたら、チーム内のその後の雰囲気はどうなるでしょうか？　選手がやる気をなくすのはもちろんのこと、こんなふうに投げやりな気持ちになってしまうのです。

「自分たちの何が足りないんだよ。もうあんな監督について行かなくていいよ」

こんなネガティブな気持ちを、最後の夏の大会前に選手に持たれてしまったら、テンションは大きく下がり、チームはまとまらないどころか、監督と選手の間にすきま風が吹いたままの状態となります。

私の高校時代がまさにそうでした。練習中、気の抜けたプレーを連発してしまい監督を怒らせてしまったとき、申し訳ないという気持ちから当時のキャプテンと副キャプテンの私が、監督室に行って謝ったのです。けれども当の監督は、こう言って一向にグラウンドに降りてくる気配がありません。

「お前たちはオレをバカにしている。絶対に許すもんか」

それどころか、自転車に乗って、スーッと合宿所に帰ってしまったのです。

「こんなに謝っているのに許してくれないなんて、もういいよ。練習をやめちまおうぜ」

「あんな監督、二度とグラウンドに来るんじゃねえよ！」

その姿を見た私たちは憎まれ口を叩き、一気にやる気が失せてしまいました。その後も監督とギクシャクした関係が続いてしまい、結果、3年生の最後の夏の大会は、

5回戦で城西に4対5で敗れて終わりました。最後の最後まで選手は熱くならずに、不完全燃焼で終わってしまったことを今でもよく覚えている一方で、「あんな気持ちにさせられたら、甲子園なんかもうどうでもよくなっちゃうよな」と、今でもそう感じています。

このときの経験から、私は考えました。**選手がダメなときは、きちんと叱って、どこがダメなのかを明確に指摘する。そのうえで、もう一度チャンスを与えること。それで一生懸命さが見えたらすべてを許し、選手の気持ちがもう一度熱くなるよう、指導者が盛り上げていく――。**

3年生にとって最後の夏を最高潮に盛り上げていくには、叱り方ひとつとっても指導者の手腕によるところが大きいのです。それがうまくいけば充実した夏になりますし、反対に失敗したらトーンダウンの夏で終わってしまうということだけは、指導者のみなさんは知っておいてください。

小倉流ルール

ダメなときはきちんと叱って、どこがダメなのかを明確に指摘する

「先輩と後輩は仲良くしなさい」と言い続けている理由

先輩と後輩はフレンドリーな関係を築くこと――。私が日頃から選手に教えていることのひとつです。

ソリが合わない先輩の胸ぐらをつかんだ

野球部に限らず、上下関係の厳しい体育会系の部活動を経験した人たちからすると、先輩と後輩が気さくに話している関係など、驚きを感じるかもしれません。でも、私はそれでいいと思っています。なぜなら私自身が、過去に先輩との関係で嫌な思いを経験してきたからです。

自分も高校野球の選手だった現役の頃から、1学年上に人間的に合わない先輩がいました。その人はことあるごとに後輩である私たちに文句を言っては、日頃の練習や監督との間で生じた積もり積もった憂《う》さを、私たちにぶつけて晴らすようなところがありました。

ただ、昔はこうしたことは、日常茶飯事に行なわれていたはずです。1年早く先に生まれただけなのに、理不尽な序列ができてしまうことへの違和感は常々持っていましたし、先輩と後輩の関係は「悪しき伝統」として受け継がれてきた部分があるのも事実でした。

その後、私が小枝さんの下でコーチになった76年の秋。その先輩がグラウンドにやってくるなり、私にこう言ったのです。

「お前が野球部のコーチになったんだって？　それじゃ勝てねえよな」

当時の私は、指導者として実績らしい実績は何ひとつとしてありませんでしたし、この先どんな結果が待っているのかまったく見えない不安のほうが大きい時期でもありました。それだけに「嫌なことを言う人だなあ」と不愉快な思いにかられながらも、このときばかりは唇をかみしめてグッとこらえることにしたのです。

そして、監督として再び三高のユニフォームを着ることになった97年の春、私の激励会を、先輩や同期のOBたちが開いてくれたときのことでした。

「小倉君、君の力でなんとか三高の野球部を立て直してくれ」

「協力できることがあったらみんなでやるから、遠慮なくオレたちに言ってほしい」

こうした励ましの言葉を、先輩や同級生の仲間たちからもらっていたとき、再び例の1学年上の先輩が私のところにツカツカとやってきたのです。

このときの私は、監督として関東一高である程度の実績を残していましたから、それなりにやれるという自信がありましたし、母校が低迷する姿を見て、「この現状をどうにかして打破したい」と意欲に燃えていました。

それにもかかわらずその先輩は、薄ら笑いをしながら言うのです。

「今度の三高の監督は小倉がなるんだってな。だったら勝てるどころか、低迷したままになるんじゃないのか？」

このとき、20年以上前に「お前がコーチになったんじゃ勝てねえよ」と過去に言われたことをふと思い出し、頭に血が上ってカッとなった次の瞬間、その先輩の胸ぐらをつかんだのです。

「おい、小倉やめるんだ！」

「みんなが見ているんだぞ！」

周囲には大勢の人がいて私の行為を止めようとしていたのですが、そんなことはお構いなしです。私はその先輩の顔面をぶっ飛ばさないと、気がすまない心境でした。

そうして拳を振り上げようとしたときです。

「小倉、もうやめるんだ！　今ここで殴ったりしたら、お前のことを慕《した》ってがんばろうとしている野球部の子どもたちはどうなるんだ！」

その場にいたある先輩が、そう叫んだのです。私はその言葉を聞いて、ハッと我に返って拳を下ろし、先輩の胸ぐらをつかんでいた手もスッと緩め、その場は終わったのです。

後輩に殴られる先輩はかっこ悪い

その日の夜、私は合宿所内の監督室で、数時間前の出来事を振り返っていました。私が1学年上の先輩を殴ろうとするのを、必死になって止めてくれたほかの先輩方や同級生の仲間たちに感謝するのと同時に、「なんてバカなことをしてしまったんだろう」と、自分が犯そうとした行為を恥じて反省していたのです。そして、同時にこうも思いました。

「だけど……。後輩に胸ぐらをつかまれるような先輩になったら情けないよな」

それからというものの、入部してくる選手たちに、私は必ずこの話をするようにしました。私にとっては、恥ずべき過去ではあるのですが、だからこそ、選手たちにも知っておいてほしいと思ったのです。

「先輩は後輩に優しくなくちゃダメだぞ。先輩が後輩を殴るなんて悲しいし、先輩が後輩に胸ぐらをつかまれるなんて情けないだろう。そんな先輩と後輩の関係になったら寂しいとは思わないか」

選手全員、神妙な面持ちで私の話に耳を傾けてくれます。合宿所内で全員で共同生活をしている以上、先輩と後輩の間に変な序列や、説教と称した「しごき」などあってほしくないというのが、私の偽らざる本音なのです。高校を卒業して野球部の思い出を振り返ったときに、先輩にいじめられた思い出しか浮かばないというのでは、切なくなってしまいます。

先輩は後輩をいたわり、後輩は先輩を尊敬する——。そんな理想的な関係を作り上げてくれたら、社会人となってからの20年、30年先に人間関係として見ても大きな財産となるのではないかと思います。

小倉流ルール

高校時代の先輩後輩は人生の財産になる

日大三高では上級生も下級生も関係なく、グランド整備や球拾いを行なう

「がんばることの意味」をきちんと教える

「がんばる」とはどういうことか、みなさんは説明できるでしょうか？

ある人は、「どんな苦労もいとわず努力し続けること」と言うかもしれませんし、またある人は、「根性を見せること」「あきらめない心を持つこと」だと言うかもしれません。

今の大人たちの多くは、「私たちの時代と比べて、若い人たちはがんばりが足りない」と口にしているようですが、果たしてそうでしょうか？ 今どきの高校生を指導している私は、「そんなことはありませんよ」と断言できます。

冬の「地獄の合宿」で得られるもの

たしかに今の子どもたちは、私たちの時代と比べて親御さんから大切に育てられてきています。その分、精神的にきつい思いをするような体験を積んできていないのも、また事実です。しかし、それは**今の若い人たちは、「がんばることはどういうことなのか」が理解できていないだけの話に過ぎないのです。**

そこで彼らに、「がんばるというのは、こういうことなんだよ」ときちんと教えてあげることによって、どんなに困難な状況が訪れようとも、それを乗り越えようと努力する姿勢を、私はこれまで幾度となく見てきました。

それを象徴するのが、日大三高名物の冬の合宿、通称「地獄の冬合宿」です。三高では毎年12月の期末試験が終了した翌日から2週間、早朝から夜遅くまで練習することにしています。

1日のスケジュールは、ざっと次の通りです。

朝5時に起床し、5時半に合宿所の食堂に集合して味噌汁を飲みます。これは塩分とたんぱく質を摂取することで、運動するのに適した体にするのが狙いです。

それから12分間走を行なって、さらに16種類のサーキット・トレーニングと続きます。それから朝食をとり、午前中は通常の練習時をはるかに超えた時間をバッティング練習に割きます。このとき、1球1球「鋭く振る」という意識を徹底させ、スイングスピードの向上をはかります。

お昼を挟んで午後は守備練習を夕方まで行ない、夕食をとってから1時間ほど素振りをしてからお風呂に入って、21時には消灯となります。

まさに、朝から夜まで野球漬けの2週間を送るわけですから、「無事2週間を終えることができるだろうか？」と不安に思う選手も実際にいます。選手たちは、毎日その日に取り組んだことをノートに記しているのですが、そこで私はこう言って、選手に心情を吐露させています。

「不安な気持ちを隠すことなんてしなくていいから、今のありのままの思いを、ノートに書き留めておきなさい」

合宿直前、そして合宿が始まった当初はネガティブな言葉ばかり書いているのですが、私はこれでオッケーだと思っています。たとえば次のようなものです。

「明日はどうなるんだろう？」

「1日が長いなあ」

「早く終わってほしい」

無理に不安な気持ちを溜め込むよりも、「大丈夫だろうか？」という不安な気持ちを吐き出すことでストレスを軽減できますし、選手の心理状態が私にもつかめるからです。

このとき私は、選手たちにこんな話をします。

「不安な気持ちもあるだろうし、『やっと今日が終わった』と思う気持ちだってあるだろう。でもそれでいいんだよ。今日1日を全力を出し切って練習して、『また明日やってやる』という気持ちを、徐々に持ってくれたらそれでいいんだ」

2週間で人は変われる

こうして1日、また1日と過ごし、合宿の最終日が近くなると、選手たちのノートはこのようなポジティブな言葉に変わっていくのです。

「あと2日で終わるけど、絶対にゴールしてみせるぞ！」

「明日で合宿が終わるけど、笑顔で終わってみせる！」

このとき、私が選手たちに配慮していたのは、「ケガをさせない、あるいはケガしているのに無理をさせてまで練習させないこと」です。やみくもに厳しさだけを押しつけるのは、たんに指導者の自己満足であり、選手にしてみたら何ひとつプラスにならないので、その点の見極めだけはきちんと行なうように心がけているのです。

そうして迎えた合宿最終日の朝、この日は5時半から2時間近く、グラウンドでインターバルのダッシュを繰り返して終えるのですが、終わった瞬間、選手たちは達成感を味わいながら、全員で抱き合って泣くのです。毎年この合宿を行なっていて、どんなに時代が流れてもこの光景だけは変わることがありません。

合宿が終わった直後、私はグラウンドに選手を集めて、最後に選手全員にこんな話をしています。

「いいか、『がんばる』っていうのは、こういうことを言うんだ。2週間、全力で練習に取り組み、『一生懸命』を積み重ねていく。みんなは貴重な経験をしたんだ。胸を張っていいんだぞ」

彼らは全員、この合宿を通じて「がんばるとは、どういうことなのか」を理解することができたのです。その姿を見て、「今の若い人たちは、がんばりが足りない」などとは、私には絶対に口に出して言えません。むしろ、一生懸命がんばっているのは私たちの時代よりも上かもしれないのです。

だとしたら、「若い人たちが、がんばることを知らないのであれば、大人たちがきちんと教えてあげること」が大事なのではないか——。私はそう考えているのです。

小倉流ルール

「がんばる」方法は身をもって教える

2020年12月28日、「地獄の冬合宿」最終日。コロナ禍で開催を悩んだが、医療専門家の監修のもと、感染対策を万全にし、無事に２週間やり切った

手をつなぎながら、最後のダッシュを駆け抜ける選手たち

「がんばるとは、どういうことか」。合宿を終えた瞬間、大きな達成感を味わった選手たちは、さらなる成長を遂げていく

技術の指導だけでは、選手の「心」は成長しない

選手を野球の技術だけに重きを置いて指導していては、人間的に成長していきません。短期的に見た場合には、野球の技術を磨くことを指導の中心にしても結果を残す場合もあるでしょう。けれども技術の指導ばかりをしていると、長期的に見た場合、マイナスのほうが多いと考えています。

「技術」の前に「思いやり」を教える

野球に限らず、サッカーやラグビーなどほかのスポーツでも、不祥事と呼ばれる類のことは、一定数は起きてしまうものです。たとえば、先輩が後輩に対しての暴力行為、あるいは飲酒や窃盗、万引きなどを部員が起こしてしまう。これらの行為はれっきとした犯罪であり、社会的にも到底許されることではありません。

なぜ、このようなことが起きてしまうのか。私は「他人に対する思いやりの心」を

育てることが不足しているのではないかと考えています。

たとえば、トイレの使用についてもそうです。汚い話で恐縮ですが、トイレの個室を使用した際、自分が便器を汚してしまったときには、脇にあるブラシでこすって水で流してから、次の人が使用するということを、普段から選手たちに指導しています。便器が汚れてしまったときに、あとに使う人のことを考えて、きれいにしておくのがマナーだと考えているからです。

けれども、そのことを忘れてしまっているのか、便器が汚れている場合もあります。こんなときには、選手全員を集めて注意するようにしています。

「次に入った人が、汚れた便器を見たら不快な思いをするだろう？　もし汚してしまったのなら、掃除してきれいにしておくのがマナーだぞ」

「たかだか便器を汚して、掃除するのを失念したくらいで、そこまで言う必要なんかないんじゃないか」と思う人もいるかもしれませんが、私はそうは考えていません。

たとえば、グラウンドの内野部分に小石が落ちていたとします。何も気にさえしなければ、そのままスルーして通り過ぎてしまうでしょう。

けれども、「打球がこの小石に当たって、イレギュラーでもしたら、顔面や体に当たったりして、最悪の場合、大ケガにつながることだってあり得るかもしれない」と考えたら、間違いなくその小石を拾うはずです。

とくにレギュラーの選手がノックなどを受けて、それが元でケガをしてしまったら、控えの選手にレギュラーポジションをとって代わられてしまうことだって大いにあり得ます。それだけではありません。レギュラーの選手がケガしたことで戦力が落ちてしまい、結果、甲子園を懸けた予選で敗退してしまう——。そんなことだって十分にあり得ます。

しかし、これは何も不測の事態ではなく、「気をつけていれば避けることができた事態」です。日頃からの心がけひとつで、大事には至らないはずです。

高校生には「心の指導」が何より必要

技術しか教えずに、「心の教育」をおろそかにしていたらどうなるでしょう？　大事なときに、あってはならない事態に直面してしまうことも十分考えられます。

もちろん、普段から掃除がきちんとできていたり、あるいはグラウンドに落ちている小石を拾ったりしたからといって、必ずしも甲子園に行けるとは限りません。けれども、細事に気を配ることが甲子園に出場することにもつながってくるものだと、私は考えているのです。

2013年から始まった「学生野球資格回復研修制度」によって、元プロ野球選手のOBが次々と受講され、高校野球の現場で指導できるようになりました。これまでは、プロ野球選手だった人が高校野球の監督になるには教諭歴の期間が2年必要でしたが、プロアマ両方の研修会に参加すれば、アマチュアを指導する際に必要な資格を得られることになったのです。

そうなると、高校野球を教えることも可能となるのですが、私は「技術」だけでなく、「心の指導」、つまり人間教育もきちんと行なわないと、その後の人生に影響してくることもあるのではないかと考えているのです。

プロの技術を高校生が教わり、会得することも意義があるのかもしれませんが、私はプロ野球出身者が高校球児を指導することになった場合には、「心の指導も行なってほしい」と、あえて要望したいと思っています。

小倉流ルール

今だけでなく選手の将来も見据えた指導を

たとえ全国制覇をしても、謙虚に振る舞う心を育てる

優勝したからこそ、驕《おご》らず謙虚に振る舞い、誰よりも率先して練習に励む――。口で言うのは簡単ですが、容易にできることではありません。

優勝したとたんに、自分を大きく見せたがるチームもありますが、決してほめられることではありません。なぜなら、それを見ている周囲の人や後輩たちに対して悪い影響を与えてしまうことがあるからです。こうした選手に育ててしまうのは、選手自身の責任ではなく、指導者である大人の責任であると私は考えています。

優勝メンバーが誰よりも練習していた

「自分に厳しく、他人に優しく」

これは、私が合宿所生活を送るなかで選手全員に伝えていることです。この言葉を実践してくれたのが、2011年夏の全国優勝のメンバーであり、大会後の第9回A

AAアジア野球選手権大会の日本代表メンバーに選ばれた、畔上翔《あぜがみしょう》（現・Honda鈴鹿）、横尾俊建《としたけ》（現・楽天）、吉永健太朗の3人でした。

畔上と横尾に共通していたのは、誰よりも率先して練習することでした。韓国に勝って優勝を決めたあと、当時の日本代表の監督だった渡辺元智《もとのり》さん（当時は横浜監督）、コーチだった山下智茂《ともしげ》さん（当時は星稜監督）、斎藤智也さん（聖光学院監督）、森士《おさむ》さん（浦和学院監督）らが口をそろえて、「小倉先生、彼ら3人から三高の強さを見せてもらいました」と言ってくれたのです。「どういうことですか？」と私がお聞きしたら、大会期間中にこんなことがあったそうです。

大会を勝ち進んでいくなか、畔上と横尾の2人が、渡辺さんに「もっとバッティング練習をやりたいんです」と言ってきたというのです。

甲子園大会、そしてアジア選手権大会期間中の選手の練習は、「鍛え込む」のではなく、「調整すること」に重点を置いていたため、打ち込みをする時間が著しく不足していたのです。そこで、「今、遮二無二《しゃにむに》打ち込む時間がほしい」と考え、渡辺さんに訴えてきたというわけです。

指導者の立場からすれば、「練習がしたいんです」という選手の申し出を拒否する理由はありません。そこまで練習したいのなら、ということで、渡辺さんが借りてこられた社会人チームの室内練習場を使い、代表の選手全員が参加する形でバッティング練習が始まったそうです。

そこで最後まで黙々とバットを振っていたのが、畔上と横尾の2人でした。

「日本代表に選ばれた選手で、ここまで激しい練習をするなんて、通常は考えられないですよ。ほかの選手たちのいいお手本になってくれたので、私も助かりました」

渡辺さんが感心し切った表情で話してくれたのが、今でも印象に残っています。

選手が率先して動いていく言葉

また、日本代表の試合では、甲子園の優勝投手となった吉永については、「甲子園の連投の疲れを考慮して、決勝戦でしか投げさせるつもりがない」と渡辺さんははじめから決めていたそうです。吉永はそのようななか、1回戦から準決勝まで、試合中のバット引きなど、裏方の仕事を何食わぬ顔で平然とやっていたというのです。渡辺さんはこう言いました。

「甲子園の優勝投手なら、『なんで自分が裏方の仕事をやらなくちゃいけないんだ』と顔に出してもおかしくないところだと思いましたが、吉永君はそうしたところがいっさいなかった。それどころか、誰かから言われたからではなく、自分の判断で率先して裏方の仕事をやってくれたんです。ですから、私はほかの選手全員に向かって、『甲子園の優勝投手が裏方の仕事を一生懸命やってくれているんだから、みんなはプレーで返さないといけないぞ』と檄を飛ばしました。大会期間中、三高の選手の存在がこれほどありがたいことはなかったんですよ」

そのことを畔上、横尾、吉永の3人に伝えたら笑顔で喜んでくれたのですが、畔上は「当然のことをしただけです」と平然としていました。

「監督に言われたから練習をやるなんていう考えでいるくらいなら、最初からやらなくてもいいんだぞ。その代わり、日頃から自分の意思で率先して練習を積み重ねている選手と比べたら、3か月、半年、1年先になってから必ず大きな差となって現れるからな」

私は選手たちにそう言い続けてきましたが、その言葉の真意を彼らはつかみ取ってくれたのでしょう。

「練習をやるか、やらないか」を決めるのは最終的には選手自身の判断ですが、自分から率先して練習しなければ、最高の結果を生み出すことはできません。

畔上、横尾、吉永の3人は、自分の判断で率先して行なってきたに過ぎませんが、こうした自主的に行動する心を育ませることこそが、高校野球では絶対に必要なことであると、私は信じています。

小倉流ルール

自主的に行動する心を育むのは、謙虚な姿勢

なぜ、あえて「上級生を叱る」のか？

選手を叱るような場面が起きた場合、下級生よりも経験や立場が上の上級生のほうを叱る――。私はそう決めています。なぜなら、上級生を叱ることで、下級生には「これはやってはいけないことなんだ」と理解してもらえるからです。

「ほめる」と「叱る」は使い分ける

最近は「ほめる教育」がよしとされていますが、ほめてばかりいると選手が100％の力を出し切ることなく、その手前の時点で「もういいや」と妥協することのほうが多くなってしまうような気がしてなりません。それだけに、「ほめる」と「叱る」はメリハリをつけて使い分けて指導するほうが、子どもたちのためになるのではないかと思うのです。

もちろん選手には、理不尽な理由で叱ることなどいっさいしません。私が練習のときに選手を叱るのは、明らかに手を抜いていることがわかったときです。こうした兆候が見えたときには絶対に見逃さないというのを、私は自分のルールのひとつと決めています。

たとえば守備練習の際、ノックのボールをうしろに逸らしたり、とんでもないところに送球してしまうことは時折あります。

こんなときは、「ようし、もう一丁！」とエラーや暴投をした選手にノックを打ちます。このとき、失敗したことに対して、目くじらを立てるように厳しく説教するようなことはしません。

けれども、いかにもやる気のない様子だったり、力を抜いたりしているような様子が見てとれたときには、話は違ってきます。

「そんな態度を見せるんだったら、オレはもうお前さんにはノックしないぞ！」

厳しく叱り、監督と選手との間に一定の緊張感を保つようにしているのです。

練習中の空気が緩んでくると、だらけた雰囲気になりがちです。そんなときにノックをした際に打球がイレギュラーしてしまい、顔面に当たって大ケガをしてしまう……なんてことだって十分あり得ます。こうした事態を避けるためにも、ピンと張りつめた緊張感を維持することが大切なのです。

また、緊張感のない、緩んだムードというのは時折見られるのですが、このようなとき、私は必ず上級生を叱るようにしています。

なぜなら、下級生たちは「先輩たちが叱られたのは、自分たちにも原因があったのかもしれない……」と考えるようになり、それがグラウンド全体にいい緊張感を生み出すようになるからです。

さらに、私は練習のときだけでなく、寮生活全般においても、下級生よりも上級生を叱ることのほうが実際に多くあります。

なぜなら下級生、とりわけ1年生は、まだまだわからないことだらけだからです。それにもかかわらず、下級生が何か失敗したからといって私が厳しくあれこれ指摘すると、パニックになってしまうことも考えられます。

1年生よりも長く寮での生活をしている2年生、あるいは3年生のほうが、慣れていることや知っていることがたくさんある。だからこそ、何かあったときに叱るのは1年生ではなく、先輩である2年生や3年生と決めているのです。

叱られる上級生に生まれる責任感

実際、2年生、3年生になるにつれて、日頃から行動するうえでの視野が広くなります。その分だけ手の抜き方を覚えることもあれば、1年生のときには感じることのなかった苦しさも経験するようになるのです。

たとえば冬の強化合宿のとき、2年生には、「去年と今年ではどっちが苦しいんだ?」と聞いてみます。すると、必ず返ってくるのが「去年よりも今年のほうが苦しいです」という答えです。

1年前は先輩のうしろをただついていくだけでよかった。でも、上級生となった今年は、「1年生を引っ張っていかなくちゃいけない」という責任感が生まれるのと同時に、「もっとうまくなりたい」という欲も出てきます。

つまり、**目標が明確になる分、苦しさも増していく**というわけです。そのことを2年生は理解しているからこそ、「1年前よりも苦しい」と感じているのだと思います。

そうしたときに、「楽をしたいから」「楽になりたいから」と2年生が安易に妥協する方向に気持ちが流れている場合には、私は見逃さず注意するようにしています。それでも理解してくれないときは、叱るというわけです。

叱ることには「根気強さ」が必要です。けれども、指導者が「根気強さ」をおろそかにしてしまうと、一歩間違えればチームが間違った方向に向かってしまうことは大いにあり得ます。勝負どころでの「粘り強さ」や、「あきらめない心」というのは、日頃からの正しい行ないの積み重ねによって生まれてくるものなのだと、私は考えています。

小倉流
ルール

根気強く叱ることを怠らない

第3章

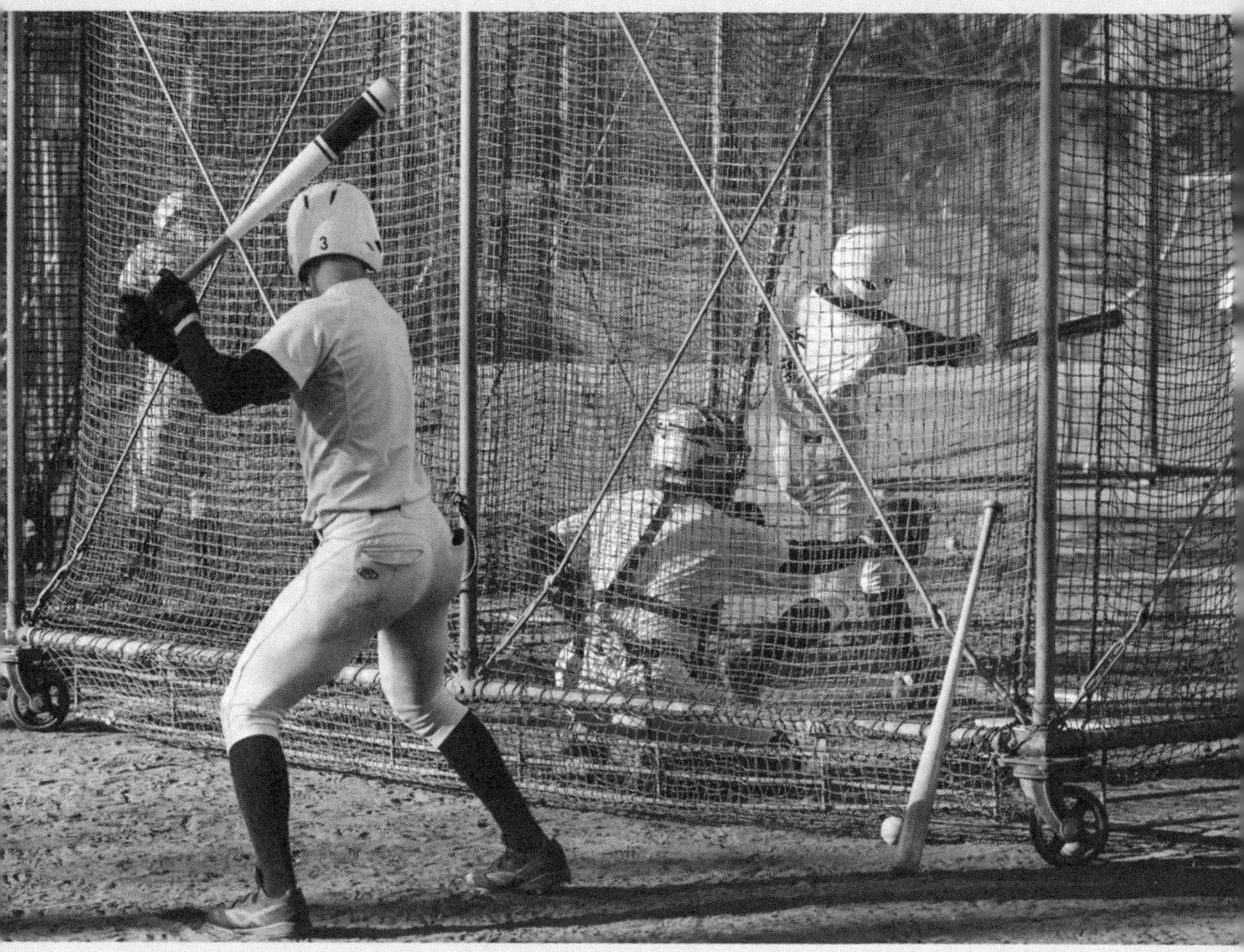

「技術」を育てる

～達成感を味わわせて、毎日成長させる～

アドバイスは、数字よりも誰もが理解できる言葉で

技術をモノにするために必要なのは、「コツをつかむこと」です。野球の場合、コツをつかむために何度も反復して練習する必要があります。だからこそ指導者は、「シンプルな具体例を挙げて説明できること」も求められるのです。

数字がすべてではない

以前、こんなことがありました。指導者を一堂に集めて、走攻守に渡る一連の技術についての意見交換を行なう講習会に参加したときのことです。その席で、ある指導者から「バッターが打ちにいったとき、ステップの幅はどのくらいがいいのでしょうか？」という質問が出たのです。

それを聞いた別の指導者が、「10センチ前後が理想ですよ」と断言したのですが、私は「そうとも言い切れないいな」と感じていました。

なぜなら、ステップの幅が15センチ、あるいはこれより狭い5センチくらいがちょうどいい選手もこれまでに数多く見てきましたし、「10センチ前後」と言い切ってしまうと、そこに当てはまらなかった選手は、理想的ではないとなってしまうなと思ったからです。

それでは10センチより狭かったり、あるいは広かったりする選手はまったく打てなかったのかと言えば、決してそんなことはありません。スタンドのはるか後方を越える打球を打った選手もいれば、広角に打ち分けていた選手もいました。こうした過去の経験も踏まえていくと、その指導者が出した答えは、私にとって違和感があるものでした。

そのときでした。「小倉さんは今の質問をどうお考えですか?」と別の指導者が私に振ってきたので、こう答えたのです。

「ステップの幅は、『何センチが理想である』などと考えなくてもいいんですよ」

そう言うと、10センチ前後と断言した指導者を含め、その場にいた全員が「えっ」と驚きの表情を見せました。けれども、私にはれっきとした根拠があってそう言ったのです。

続けて私は、こう言いました。

「ステップの幅はどのくらいがいいかを考える以前に、まずはミートするポイントについてお話ししましょう」

ミートポイントの説明をするために、「おもちゃの野球盤の打ち方をイメージしてください」と私は言いました。おもちゃの野球盤とは、ピッチャーがマウンドから転がしたボールを、バッターがバットでクルリとはじき返して楽しむボードゲームのことです。少年時代、一度は楽しんだことがあるという人も多いかもしれません。

これを踏まえて話を進めていくと、実際の練習でホームベースから2、3メートル先に離れたところから、ホームベースに向かって地面にボールをコロコロ転がします。これをバッターは、バッターボックスからボールを打ち返すべく、バットを振るのです。このとき、左右両方の腕はホームベースのやや前あたりまで伸び、同時に左右両方の手首はバットを返そうとします。これが「ミートポイント」となるのです。

それから選手をバッターボックスに普通に立たせて、ミートポイントを確認しながらバットを振らせてみると、ステップした際の足の幅は、その選手に合った適性の範囲内で収まるようになります。つまり、10センチ前後の場合もあれば、そうでない場合もあるわけで、あえて「10センチ前後が理想」と断言しなくてもいいのです。

それに、みなさんがもし、「ステップの幅は10センチくらいが理想」と言われて、実際にバッターボックスでピッチャーのボールを待っていたらどうなるでしょう？「ステップの幅は10センチくらいでなければいけない」と、そればかりに全神経が集中してしまい、実際にピッチャーが内外角にボールを投げ込んできたときには、バットが自然と出てこずに見送ってしまうはずです。

それよりも、ボールをとらえるミートポイントを確認させてからスイングさせれば、「このあたりのコースのボールはこう狙っていこう」と推測できるので、ピッチャーがボールを投げ込んできたときに、自然とバットが出てきやすいものですし、ステップのこともいちいち考える必要もないのです。

数字にこだわると目に見えない縛りが生まれる

一見、数字を用いて説明すると、それですべてがわかったつもりになります。実は、これが大きな間違いなのです。

「何センチ」などと数字を挙げて断言してしまうことで、選手がそこばかりに意識が集中してしまい、肝心のバットスイングができなくなってしまう。これでは到底打てるものも打てません。

野球の技術を会得するには、シンプルな具体例を挙げて説明したほうが、それを聞いた相手はイメージしやすくなります。それにもかかわらず、数字を挙げて説明してしまうと、「数字の通りに打たなくてはならない」と、目に見えない縛りがバッティングを窮屈にさせてしまう。その結果、選手が本来持っていた個性や長所を消してしまう可能性が高い、ということを、指導者は知っておいてください。

小倉流
ルール

技術の伝達はシンプルな具体例で

根気強く見守ったときに、選手にかけてあげる言葉

選手を指導するうえで、指導者が持ち続けなければならないのは、「根気強さ」です。

「もっとうまくなりたい」と渇望している選手でも、1日、2日程度のつけ焼刃の練習をしただけでは、本物の技術は身につきません。今日できていたことが、明日になったらできなくなっていることもある――。だからこそ、指導者は選手に対して根気強く指導する心構えが必要なのです。

できるまで根気強く

たとえば、バッターにバッティングで技術の向上を求めるのであれば、数多くバットを振らせる、あるいは数多くバッティング練習をやらせる必要があります。

スイングスピードを速くするだけではなく、相手ピッチャーのキレ味鋭い変化球に対応するためには、フリーバッティングやティーバッティング、実戦に即したシート

バッティング、はたまた素振りにいたるまで、考えられる限りのバッティング練習を行なわせるのです。

前項でもお話ししましたが、高校生に理論めいたものを話したところで、それがすべて理解できるとは限りません。

三高でも大きな当たりをよく打つ選手が、ほかの選手たちから「どうやったらあんなに打てるの？」と質問されて得意げに答えているシーンをしばしば見かけます。が、よくよく聞いてみると、「ガーン」「グワーン」などと擬音語を交えて選手本人が打てたときの感覚だけで話していることが多く、理論めいたものはないことがわかります。

バッティングであれ、ピッチングであれ、野球の技術は簡単に会得できるものではありません。ああでもない、こうでもないと考えながら試し続け、やがてコツを発見したら繰り返し練習をしていって、やがてその技術を自分のモノにしていく……。そのことがわかっているからこそ、指導者である私は、選手たちに対して根気強く指導しているのです。

気にするのは、声をかけるタイミング

そのうえでさらに大切なのは、選手に対して声をかけるタイミングです。私の場合

は、**選手がきちんとできたときに、すぐにほめる**ようにしています。たとえばバッティングの場合、選手がいい当たりを打ったときには、こう伝えてあげるのです。

「それだ！　今の打ち方はよかったぞ！」

これによって、「よし、この感触を覚えておこう」と選手自身も気づき、そのうえでさらに繰り返し練習を重ねていく、という好循環が生まれるのです。

選手が外野手と外野手の間を抜けるような当たりを打った際はもちろんのこと、たとえ野手の正面を突くような打球でも、バットが正しく振れていれば、「そうそう、今のスイングだ。それを忘れるなよ」とすぐに声をかけています。選手自身も声をかけられたことでうれしい気持ちはあるでしょうし、「そうか、今のスイングだな」と体に刻み込もうと、さらにバットスイングを繰り返します。そうして繰り返し練習を積み重ねていったとき、やがてバッティングのコツを会得し、それが技術の進歩へとつながっていくのです。

ひとつの技術を会得するには、2か月、あるいは3か月、ひょっとしたら半年の歳月を要するかもしれませんし、それ以上かかることがあるかもしれません。それでも指導者が辛抱強く選手を指導していく必要があるのです。

このようなことを、先ほどお話しした指導者を集めた講習会の場でお話すると、「小倉さん、バッティングがうまくなるには、数多く打たせることが大切なんですね」と違った方向に理解される方もいます。そんなときには、こう伝えるようにしています。

「数多く打たせることも大切ですが、指導者が根気強く見守ってあげることも、もっと大切なんですよ。いいスイングをしたときには『それだよ!』と声をかけてあげることで、選手もその感覚を体に刻み込もうとするのです」

指導者が選手を指導する際のポイントを間違えてしまうと、選手にとっては技術が身につかないだけでなく、時間をただ浪費するだけに終わってしまいます。正しい方向性の指導を辛抱強くしていけば、選手のスキルは必ず伸びていくものだと、指導者は理解しておいてください。

小倉流ルール

正しい方向性の指導を繰り返し、適切なタイミングでアドバイスする

あえて失敗を奨励する

選手が技術を身につけるために、あえて失敗を奨励することがあります。思い切ったプレーができないとき、自分の技術に自信が持てないときなどに、この方法は有効です。

「自分のスイングで」空振りさせる

よく世間からは「強打の日大三高」などと言われていますが、三高のバッティング練習では、ピッチングマシンのボールを150キロ近いストレートに設定してバンバン打たせる、というようなことはしません。100キロ超のストレートを、正しいバッティングフォームで「ボールをとらえる」という練習を行なっています。

150キロのボールを打ち返す練習ばかりしていると、ボールをとらえることはできるのですが、正しいバッティングフォームでなくなってしまう場合がありますし、実際の試合で軟投派のピッチャーが出てきたときに対応できなくなってしまいがちです。それでは練習すること自体がマイナスとなってしまうので、遅いボールを正しいフォームで確実にとらえる練習を繰り返し行なうようにしているのです。

このとき大切なのは、「自分のバッティングをすることを心がけさせること」です。速いボールを確実にとらえるようとするがあまり、小手先で打つようなバッティングになってしまうと、外野までボールが飛んでいかずに、内野ゴロばかりになってしまいます。

そこで縮こまったバッティングをしている選手がいると、バッターボックスに立ったときに、次のようなアドバイスを送るようにしています。

「結果は考えなくてもいいから、自分のスイングで思い切って空振りするんだ」

ここで大切なのは、「自分のスイングで」空振りすることです。

自分のスイングができていれば、正しいバッティングフォームでボールをとらえることができます。それで空振りをすれば、あとはバットを振るときの始動をほんのわずか早めるとか、あるいはステップの幅を小さくするとか、下半身主導でスイングすることを心がけるようにするとか、どこを改善していけばいいのかが明確になります。

それにもかかわらず、「速いストレートを思い切り打ち返そう」とすることばかり考えていると、自分のフォームで打つことがおろそかになり、力強い打球が飛ばせなくなります。これでは何十球、何百球と打っても時間をただ浪費するだけです。

自分のフォームで正しいスイングができるようになれば、ストライク、ボールの見極めもきちんとできるようになりますし、ストライクともボールとも言えるようなくさいボールもファウルでカットすることができる。その次に甘いボールがきたら、打ち返すようにすれば、ヒットを打てる確率が高くなるというわけです。

松坂大輔選手との対戦で学んだこと

長い監督人生のなかで、本当に「打てない」と思ったピッチャーは、横浜高校時代の松坂大輔選手（現・西武）ただ1人です。彼とは3回対戦させてもらって、3年夏の甲子園出場を懸けた予選前の練習試合では、ストレートはもちろんのこと、スライダーのキレとコントロールが抜群で、手も足も出ませんでした。

当時のことは20年以上経った今でも鮮明に覚えていますが、このときの選手たちはなんとかボールに食らいついてバットに当てよう、ボールを飛ばそうとするあまり、消極的で自分のスイングがおろそかになっていました。ですから、そのときの反省を踏まえ、今でも選手たちにはこんなアドバイスを送ることもあるのです。

「どんなにいいピッチャーだからって、松坂投手以上のピッチャーはいない。どんなに速いボールを投げても、甘いボールは必ずくるから、それを確実にとらえればいいんだ。そのためにも、自分のスイングをすることを忘れるんじゃないぞ」

バットにボールを当てよう、当てようと縮こまったバッティングをしていたら、あえて空振りをさせて自分のスイングを取り戻させる。ここでの空振りは、「次に成功させるための失敗」だとも言い換えられます。

繰り返しますが、いいピッチャーほど、自分のバッティングフォームで打つことが求められます。そのために必要なのが、「自分のスイングで空振りをさせること」だというわけです。

小倉流ルール

次に成功させるための失敗をさせていく

ひとつのプレーを身につけるまでは、新しいプレーを覚えさせない

選手がひとつのプレーを完全にマスターするまでは、次のプレーには進ませない。根気強く教え、確実にできるプレーをひとつずつ増やしていくことが、勝てるチームを作るための近道だと考えています。

基本をおろそかにしない

高校生活は3年間ですが、実際に選手が高校野球に取り組めるのは2年4か月――。この時間を長いととるか、短いととるかは、個々で見解が分かれるかもしれませんが、現場で長年指導をしている私にしてみれば、「短いな」と感じてしまいます。

「あれもやらなければ、これもやらなければ」と焦りが生じてしまうこともありますが、このとき私が気をつけているのは、「ひとつのプレーを満足に身につけていないうちに、次の新しいプレーを教えるようなことはしない」ということです。ひとつの

プレーが完璧にできていないにもかかわらず、次から次へと新しいプレーを消化しようとすると、すべてのプレーが中途半端になってしまい、ひとつとして技術が身についていない、なんてことだってあり得るのです。

私が内野ノックを行なう際には、まずは正面に打ち、続いて右側に打って、最後に左側に打つ、これを毎日繰り返し行ないます。

ライン際に飛びつかないと捕れないようなボールを打つ、なんてことはほとんどせずに、基本の動きをただひたすら繰り返すのです。単純な動きを繰り返し行なうので、選手にしてみれば面白みのない、ただ疲れるだけの練習にしか思えないかもしれません。けれども私はおかまないなしに、繰り返しノックの雨を選手たちに浴びせ続けます。

すると、数を多くこなせばこなすほど、グラブからボールがポロっと落ちてしまったり、あるいはボールは捕れるものの、送球の際にとんでもない大暴投を放ってしまったりする、なんてことも出てくるのです。

「基本の形ができていないからエラーをするんだぞ！」

私はすぐさま選手に言います。

暴投になってしまうのは、いくつかの要因が考えられます。たとえば、ボールを捕ってから投げるまでの間のステップがうまくいっていない。あるいは、捕ったときにボールを握り損なった。はたまた、足が動いていなくて上体の力だけで思い切りボールを放ろうとしてしまったなどなど、ざっと挙げてもこれだけのことが考えられるのです。

技術が向上するまで、とことん向き合う

ひとつのプレーを完璧に行なうまでに、何度も何度も繰り返し反復練習を行なうのは、こうしたイージーミスをなくすためでもあります。

たとえば、上手なプレーの映像を見て、その選手が理解したつもりでいても、実際に自分がプレーしたときに、映像で見た通りにこなせるかと言われたら、100%できないものです。

「100%のうち、1%か2%くらいミスすることなんて、人間だからあるんじゃないのか」と言う人もいるかもしれませんが、甲子園の大舞台や、甲子園出場を懸けた決勝戦で、その1%か2%のミスが命取りになることだって大いにあり得ます。下手をすると、そのミスを一生心に引きずったままになってしまうことだってあるのです。

「自分があのときエラーさえしなければ……」と後悔するような思いを、私は選手に

させたくないのです。

そこで指導者に必要なのは、選手の技術が上達するまでとことん向き合っていこうとする「根気」となるのです。

選手は、毎日のようにノックを受けたからといっても、すぐにうまくなるわけではありません。3か月後にうまくなっているかもしれないし、半年、いや最後の夏の直前にコツをつかんで上達することだって考えられます。

それだけに、ひとつのプレーを頭で理解するだけでなく、体で感じ取って覚えさせる。どんな打球でもとっさの判断で動けるようになるまで、繰り返し何度も練習させる——。こうした反復練習の積み重ねが、1人ひとりの守備力を向上させ、勝てるチーム作りのひとつの方法となっていくのです。

小倉流ルール

反復練習こそが勝てるチームを作り出す

「いい」と言われる練習方法は積極的に取り入れていく

人から「いい」と言われた練習方法は、一度取り入れてみて、「いいな」と思ったらそれを本格的に取り入れていく――。選手を指導していくうえで、こうした柔軟な考え方を持つことも大切です。

旧来からのやり方を一度疑ってみる

たとえば、大学に進んで野球を続けている教え子が、「大学で内野手のボールの捕り方を、こう教わりました」と言ってきたとします。

実際に取り入れてみて、その捕り方が理にかなっていると自分が判断したときには、「内野手は今日からはこの方法で、ボールを捕りにいこう」と変えてしまうこともあります。朝令暮改《ちょうれいぼかい》という言葉がありますが、私の発想はまさにこれに当てはまるのかもしれません。

また当時、清峰《せいほう》で指揮を執っていた吉田洸二《こうじ》監督（現・山梨学院大付監督）から、「丸太を使って体幹を鍛えるトレーニングが効果的ですよ」と聞いたときにも、練習試合が終わったあとにそのトレーニング方法を直接聞いて、その後、三高でも取り入れてみたということもありました。

「そんなふうにあっさり変えてしまうと、選手から信用をなくしてしまうことも考えられませんか？」

こう、ある高校の監督から言われたこともあります。

そんなとき私は、「選手を成長させていくプロセスにおいて、旧来からのやり方を一度疑ってみることも、ときには大切なことではないでしょうか」と答えるようにしています。

そのうえ、それまで教わってきた技術よりも、新しい技術のほうがいいのであれば、選手たちも興味を示し、新しい技術を身につけていこうと、積極的にトライしていくものなのです。

私の考えとは反対に、昔気質《むかしかたぎ》の監督のなかには、「私はこれまで培ってきた指導法を推奨してきたので、これからもずっと変えるつもりはありませんよ」という人もいます。果たして、それで本当に選手の技術が上がるのでしょうか？　私は疑問に感じてしまいます。

「固定観念は悪」という考え方だってあるにもかかわらず、頑なにそのやり方を変えないままでいる。それで結果が出ているうちはいいのかもしれませんが、いざ結果が出なくなってしまったときに、それでもやり方を変えないというのは、私に言わせればそれは指導者の信念ではなく、エゴ、あるいは自己満足にしか過ぎないのです。

監督をはじめ、指導者の立場にある人は、常に新しい情報を仕入れて、いいものは取り入れて、「合わない」と感じたものは無理に取り入れる必要はないという、柔らかい発想を持つことのほうが大切なのではないかと思っています。

変わるための勇気を持つ

さらに言えば、今の選手たちは、監督から教えられたことをそのままやるのではなく、こんな質問をしてくることもあります。

「なぜ、その練習方法がいいのでしょうか？」

そのようなときに、20年前、もっと言えば30年前のように、「四の五の言わずに黙ってやれ！」と一喝するだけでは、選手たちはついてきません。

「『この技術をやってごらん』と言ったのは、体に負担のかからないプレーができるからだよ」

「この動きのほうが、よりスピーディーに動けるよ」

選手から「なぜですか？」と聞かれたときに、このように具体的に説明できるほうが「なるほど、それなら一度試してみよう」と選手から信用してもらえることが多々あるのです。

今までやってきた指導法をスパッと変えてしまうことは、たいへん勇気のいることです。けれども、れっきとした具体的に説明できる根拠があるのならば、「一度試してみよう」とトライしてみるのもいいのではないでしょうか。まさに、「変わるために必要な勇気」なのです。

小倉流ルール

常に新しい情報を仕入れ、取り入れる

野球以外の競技も練習に取り入れることは、大きな意味がある

選手がうまくなるためには、野球以外の競技でも、野球の技術向上や体力強化につながるような効果的なトレーニング方法があれば、それを採用して取り入れています。

野球に生かせる動きを学ぶ

アメリカだと、「夏は野球、冬はアメリカンフットボール」というように、ひとつの競技だけでなく、いくつもの競技に挑戦してみることは決して珍しくありません。しかし、日本の場合は、幼少期に野球を始めたら、小・中・高と野球一筋になりがちです。

野球以外の競技から、野球に生かせる動きというのは必ずあるので、私は野球の練習以外の競技にもあえて取り組ませる、といったこともやっています。

たとえば、バドミントンもそうです。スマッシュをする形は、送球するフォームに似ています。つまり、ラケットの正しい振り方を身につけることができれば、送球の改善につながるというわけです。そのうえ、肩甲骨《けんこうこつ》が柔らかくなることで肩の可動域が広がって、腕の振りそのものが柔らかくなります。

11年夏に全国優勝したときのエースの吉永健太朗は、ご両親がバドミントンの実業団の選手だったこともあり、バドミントンが抜群に上手でした。彼が150キロ近いストレートを投げられたのも、肩の可動域が広かったことと、間違いなく関係していることだと思います。

そういえば、メジャーリーガーの大谷翔平選手も、お母さんがバドミントンで国体の選手に選ばれたということもあって、小さい頃からバドミントンをやっていたそうです。193センチと大柄な彼が、しなやかに体が使えるのも、バドミントンをやっていたこととあながち無縁とは言えないはずです。

また、バレーボールも選手にやらせることがあります。突き指をすると野球のプレーに影響するので、その点は注意させる必要がありますが、レシーブを打つときの腕の使い方は、野手が送球するときと同じように腕を振ります。これとて野球に好影響を与える練習方法だと言えます。

また、意外と思われるかもしれませんが、サーフィンだって野球に生かせます。私の自宅は千葉の九十九里にあるので海が近いのですが、サーフィンで波に乗ろうとしてサーフボードの上に立ってバランスを取っているときは、体幹の力が必要となります。

サーファーと呼ばれる人たちの体格を見ていると、たとえ細身であっても、全身にバランスよく筋肉がついて引き締まっています。サーフィンをやっている人で、失礼ながらプヨプヨのたるんだ肉体の人というのをほとんど見たことがないのは、体幹が自然と鍛えられていることと無関係ではない気がしています。

そのほかにも、サッカーの細かなステップは守備でも活用できますし、水泳のクロールや背泳ぎ、バタフライなどは、肩甲骨の周辺が柔軟になり、やはりピッチャーのピッチングや野手の送球に生かされます。

さまざまなスポーツに触れるからこその「伸びしろ」

私が子どもの頃は、外で遊びまわっていたことで、自然と体幹の強さや全身の柔軟性が身についていていました。木登りをしたり、鬼ごっこで遊んだり、はたまた家の農作業を手伝ったりしたことも、体を強くしてくれる要因となっていきました。

けれども、今は違います。木登りをすれば、「危ないからやめなさい」と親から注意され、鬼ごっこをしようものなら、「バタバタ動き回って周りの人に迷惑をかけてしまう」などと言われ、できなくなってしまう。日常生活のなかで体が自然と鍛えられる環境というのは、なかなか生まれにくい時代です。

そこで、小さい頃から野球以外のスポーツにできる限り触れさせて、それぞれの動きのよいところを野球に生かしていく。こうしたやり方をしていくことは、野球の技術の向上につながっていくのだと、私は考えています。

小倉流ルール

野球以外のスポーツから得られるものがたくさんある

日頃から選手を見続けているからこそ、ほめることができる

選手をほめるには、まず日頃から見続けてあげることが大切です。

不思議なもので、人は他人のミスはすぐ目につくので注意することができる一方、ほめるという行為は一目では判断できないことが多いので、選手のことをよく観察していなくては、どこをどうほめたらいいのか、そのポイントがわからないものです。

観察から生まれる的確なアドバイス

ほとんどの選手が野球を始めた理由として、「バッティングが好きだから」と挙げますが、何十スイング、何百スイングと繰り返し振っていると、どこかで手を抜きたくなる場面というのは出てくるものです。

ただし、バッティングで手を抜いているかどうかというのは、傍《かたわら》から見ているとわからないものです。自己申告でもしない限りは、手を抜いたスイングかどうかを見極

めるのは難しいので、そのことであえて叱るようなことなどしません。

それでは、どこでほめるのか。それは、「自分のスイングでバットの芯でボールをとらえていたとき」です。フリーバッティングでスイングを重ねていけばいくほど、疲れは増してきます。そのようなときに体全体の力が抜け、きれいな弧を描いたスイングをしたときに、ボールを芯でとらえて外野のはるか後方に打球が飛んでいったり、あるいはライナー性の打球が飛んできたりします。そのとき、私はこう言います。

「いいぞ、今のスイングだ。それを忘れるんじゃないぞ！」

「今のスイングだったら、どんなピッチャーと対戦してもヒットが打てるぞ。それを体に刻み込むんだ！」

そう言うと、振り込んで疲れていたはずの選手の目の色が変わり、急に元気が出るのです。

「わかりました！　ようし、もう一丁！」

私自身も経験があるのですが、監督から声をかけられるだけでなく、**的確なアドバイスをされたときには、選手は必死になってそれをモノにしようと張り切ります。**つまり、この場合のほめるというのは、「いいバッティングをして、それを自分の技術として覚えてほしいとき」に行なうのがいいというわけです。

ほめる＝技術を向上させる

もちろん、守備や走塁だって同じです。たとえば、セカンドを守っている選手が、試合中に相手バッターのスイングの特徴をつかんで、定位置からやや右寄りに守備位置を変えたとします。そこへ打球が飛んできてアウトにした。もし定位置で守っていたら、一、二塁間を抜けてライト前にヒットになる打球だったにもかかわらず、それを防いだ。

このようなときにも、セカンドの選手がベンチに戻ってきたときにほめてあげるのです。

「今のはいい判断だった！　あの位置で守っていたのはお前さんのファインプレーだ」

守備練習は、捕って、投げるという動作を繰り返し行ないますから、ともすれば苦しく単調な作業の連続となります。けれども、こうしたことにも着目してほめてあげると、たんに守るだけということではなく、風の向きやグラウンド状態、相手は右バッターなのか、左バッターなのか、長打を打てるのか、反対方向に打つのがうまいのか、どんな球種を狙ってくるのか、ボールカウントによって打ち分けているのかなど、ありとあらゆることを予測して、いかにアウトがとれるかを追求するようになる――。

つまり、**私が選手をほめるのは、「技術を向上させる」ことにもつながるのです。**

練習時や試合中の選手の動きなどをよく観察し、素晴らしいプレーをしたときにほめることで、選手は技術を向上させるために興味や関心を持つようになります。やみくもにほめていては、何がよくてほめられたのか、選手本人も今ひとつ理解していないため、逆効果のことが多いように思います。

それだけに、選手をほめるときには、普段から選手のことをよく観察しておく必要があると思うのです。

小倉流ルール

普段から観察していれば、効果的なほめ方ができる

「打の日大三高」のイメージが強いなか、守備、走塁、犠打、すべての練習を怠らず、愚直に取り組む

第4章

「チーム」を育てる

～全責任を監督が負い、一緒に逆境に挑戦する～

「三高に来てほしい選手」が必ず口にする言葉

「日大三高に来てほしいと思える選手はどんな選手ですか？」と聞かれたら、私は迷わず「三高で野球がやりたいんですと言ってくれる選手」と答えます。

このとき、その選手に実力が伴っていれば、なおうれしいのですが、たとえ技術的には未熟な部分があったとしても、気持ちの部分を大切にしたいと考えています。

「三高で先生と一緒に野球がやりたいんです」

三高のグラウンドに見学に来てくれる選手は、中学時代に全国大会で優勝などを経験したことがあるというケースも、決して珍しくありません。けれども、このような選手は、東京や神奈川、埼玉、千葉といった、ほかの都県の野球名門校と呼ばれる高校にも見学に行っているということも、往々にしてあります。能力の高い選手になると、「10校以上の高校から勧誘を受けています」ということもあるのです。

ただ、私はこうした選手ではなく、「三高で先生と一緒に野球がやりたいんです」と言ってくれる子に期待を持ってしまうのです。たしかに、10校以上の高校から勧誘を受けるような選手は、能力や技術の部分で秀でているものがあるでしょう。

けれども、「複数以上の高校から勧誘を受けている」というような選手は、仮に三高に来てレギュラーになれなかったとき、あるいはハードな練習をしているときに、「やっぱりあの学校に行っておけばよかった」などと言い訳を作って逃げてしまうこともあるのです。本当は、ほかの選手のほうが秀でているスキルがあったからこそレギュラーになれたのに、それを認めたがらない。こうした考えを持ってしまうようだと、その選手は今以上に成長していかなくなるのは、過去の傾向からもあるのです。

根底にあるのは、来てくれた選手への感謝の気持ち

けれども、「三高で野球がやりたいんです」と言うような選手は違います。毎日ハードな練習をしていても、あるいは仮にレギュラーになれなくても、言い訳や泣き言などいっさいせずに、「今よりもっとうまくなろう」という気概に燃えています。監督である私も、「もっとうまくなってもらおう」とノックにも力が入るものです。

過去には、こんな選手もいました。お父さんが失業してしまい、生活が苦しくなったにもかかわらず、「三高で野球がやりたいんです」と言ってきたのです。ご両親にお話を聞くと、「授業料などのお金は私たちで何とか工面するので、よろしくお願いします」と言うのです。

入学してくると、彼はレギュラーを目指してグラウンドで懸命に汗を流していました。こうした選手は、ちょっとやそっとのことではへこたれない心の強さがあります。途中、うまくいかないこともありましたが、実直に取り組むその姿勢には、私たち指導者も大いに感銘を受けました。

「三高で野球をやる」

そう決めて入学した選手は、いかなる状況に陥ってもそれを糧に乗り越えようとする心の強さがあるということを、私はその選手を通じて学びました。

高校に入学した年の4月から、3年生の夏の甲子園予選までの2年4か月という期間は、あっという間に過ぎてしまいます。

野球の技術はもちろんのこと、人間としても成長していく大切な期間だからこそ、選手たちには一心不乱にボールを追いかけてもらえるような環境を提供していくのが私たち大人の務めでありますし、その環境のなかで選手たちは揉まれて大きく羽ばたいてもらいたい――。それができるのも、「三高で野球がやりたい」という熱意があってこそだと思っているのです。

このとき私が大切にしているのは、「三高で野球をやることを選んでくれてありがとう」という感謝の気持ちです。

「三高でプレーしたい」という気持ちを持って入部してくれたのですから、私自身が彼らに対して感謝するとともに、謙虚な姿勢でいなくてはいけないと、毎年のように入学してくる新入生を見て感じています。この気持ちは、監督という職に就いている限り、私は持ち続けていこうと考えています。

小倉流ルール

入部してくれた選手の熱い気持ちに応えていく

「伝統」とはこうして作られていく

「伝統」とは、甲子園に出場した、しないという結果ではなく、「一生懸命プレーし続ける姿勢」から築かれるものです。

甲子園に出場したことを誇りに思うのは構いませんが、「自分たちが甲子園に出たときには……」などと、先輩風を吹かせて後輩たちに自慢げに話すのは、それはたんなる自己満足に過ぎないのです。

一生懸命、悔いなく野球に打ち込めているか？

私は40年近く、監督を務めてきたからこそ感じるのですが、「勝ったチームだから素晴らしい」「負けたチームだからダメだった」などということは、絶対にありません。大切なのは、三高の野球部で2年4か月の間、一生懸命、悔いなく野球に打ち込むこと。その姿勢が見てとれれば、私は十分だと思っているのです。

どんなにベストメンバーをそろえたところで、必ず勝てるわけではありません。たとえば、大事な場面でエラーをしてしまって失点につながってしまった。その得点が命取りとなって、相手を上回る得点を奪えなかった、ということもあります。

反対に、「このチームは、歴代の甲子園に出場したチームと比べたら劣ってしまうんだよな」と思っていても、いざ夏の西東京予選が始まると、あれよあれよという間に勝ち進んで、気がついたら決勝も勝って甲子園出場を決めてしまった、ということも過去にはありました。

このときのチームは、自分たちのウィークポイントを口が酸っぱくなるくらい、私が指摘し続けていましたから、その点をどうカバーしていけばいいのか、日頃の練習から意識しながら課題の解消に取り組んでいました。その結果が、よい方向に転がったのだと考えています。

甲子園に出場できなかったチームと出場できたチーム。それぞれの代の選手たち1人ひとりにも思うところがあるかもしれませんが、彼らを長年見続けてきた私からすると、ある共通点があることに気づきました。それが、**「一生懸命、悔いなく野球に打ち込んだこと」**なのです。

甲子園に出場できたチームも、そうでなかったチームも、同じように厳しい練習と実戦経験を積み重ねていき、課題が見つかったらそれをどう解消していくのか、個々で考えていく。また、チームプレーで同じようなミスが露呈した場合は、選手全員でミスを防ぐ方法を考え、練習や試合で試していく。

こうしたプロセスを私は見続けてきたので、夏の西東京予選で仮に負けてしまっても、私は選手を責めるようなことはいっさいしません。もちろん、選手だって悔しさは相当あるでしょうが、時間が経つにつれ、「高校野球をやり切った」という充実感にあふれていくのです。

三高では、卒業して大学で野球を続けているOBがふらっとグラウンドに来ては、後輩たちの練習の手伝いをしてくれることが多々あります。OBたちは甲子園に出場した、しないにかかわらず、話をすると、みなこう言ってくれます。

「あのときは厳しく感じることもありましたが、こうして時間が経った今になって振り返ると、充実した時間を過ごせていたと感じることのほうが多いんです」

彼らの言葉が嘘偽りでないことは、彼らが卒業したあとにグラウンドにやって来てくれることが何よりの証拠です。もし、高校時代の野球生活が充実していなかった、あるいは窮屈で苦しい思いしかなかったと考えていれば、卒業してから後輩たちの練習の手伝いをしようなどと考えないと思うのです。

高校野球を「完全燃焼」してもらう

どこの高校とは言いませんが、高校時代、非常に注目された選手だったにもかかわらず、大学に進学したらパタッと名前すら聞かなくなってしまう。その選手のことをよく知っている近しい関係者に聞くと、こんな答えが返ってくることも珍しくありません。

「あの選手は大学に入ってすぐに野球部を辞めましたよ」

「『野球は高校までで十分です』と言って、大学では野球をまったくやっていなかったようです」

せっかく素晴らしい才能を持っていたにもかかわらず、そのような結果になってしまうと残念な気持ちになるのと同時に、「彼は高校野球を完全燃焼できたのだろうか？」という素朴な疑問まで浮かんできてしまいます。

そう考えると、三高は先輩が「一生懸命、悔いなく野球に打ち込む姿勢」を後輩に見せ続けていくことで、それがいい意味での伝統になり、大学に進んでからも後輩たちのサポートを惜しまないという好循環になっているのは、指導者冥利《みょうり》に尽きます。
甲子園に出場しようがしまいが、この伝統はこれから先もずっと続かせなくてはならない――。そのためにも、監督である私自身が「一生懸命の大切さ」を説いていく必要があると、あらためて思っているのです。

小倉流ルール

「一生懸命」は受け継がれ、伝統になっていく

キャプテンを選ぶために必要な2つの要素

チームのまとめ役であるキャプテンは、毎年私が選ぶことにしています。そのとき重要視しているのが、「リーダーシップを持っていること」、それと同時に大切なのが、「遠慮なく私が叱れること」です。

①リーダーシップを持っていること

選手が入部してから、1年生同士でどんな振る舞いをしているのか、率先して引っ張っていく選手なのかどうか、あるいは叱り飛ばしても大丈夫な選手であるのかどうか、私は日頃の行動をチェックしています。

そこで、「同じ学年のチームメイトをまとめる能力がある」と判断した選手には、1年生の春の段階で、「来年の夏の新チームからキャプテンにするからな」と私が本人に直接伝えています。

リーダーシップを持った選手を見抜くのは、私の場合は入部して1～2か月の間なので、人によっては、「ずいぶん早い段階で判断するのですね」と思われるかもしれません。けれども、リーダーシップを持っているかどうかは、ある程度生まれ持った素質であるのは間違いないと考えています。そのため、「こいつを来年夏の新チームからのキャプテンにしよう」と決めた選手には、1年生の早い段階の5月や6月くらいの時期に、こう直接本人に伝えるようにしています。

「来年はお前さんにこのチームのキャプテンになってもらうから、そのつもりで日頃から行動してほしい」

この話を聞いた本人は、まだレギュラーになれるかどうかも確定していないこともあってか、戸惑いの表情を見せるときもあるのですが、「来年からはキャプテンになってもらう」と言われたことで、同級生を引っ張っていくだけでなく、目配り、気配りの利いた選手になっていくことが多いのです。

②気兼ねなく叱り飛ばせること

そして、監督である私が、気兼ねなく叱り飛ばせること、これも重要です。監督がキャプテンに気をつかうようでは、本音で接することができません。キャプテンを叱ることでチーム全員に緊張感が生まれ、ひとつにまとまっていくのです。

ただし、キャプテンを叱り飛ばしたからといって、そのまま放置するようなことはしません。その日のうちに、叱った当のキャプテン本人を監督室に呼びます。「さっき叱ったのは、こういうことなんだ」と、理由を丁寧に説明するようにしています。

「ごめんな、みんなの前で恥をかかせちゃって」

ときには、このように私のほうから頭を下げることもあります。それによってお互い気持ちを切り替えて、翌日からまたいつも通りに顔を合わせて練習ができる、という状況を作り出すようにしているのです。こうしたフォローは、私は欠かさず行なうようにしています。


キャプテンを選ぶのを重要視しているのと同時に、いち早くそうした人材を見抜くことが、チームが勝ち進んでいくうえで大きな命運となると考えています。なぜなら、これまでの監督経験のなかで、入部してから1~2か月でキャプテン候補の人材を決めた場合、うまくチームがまとまって甲子園出場を果たすことが多かったからです。

反対に、キャプテン候補の人材が早い段階で決めきれなかったとき、あるいは2年夏の新チーム直前になってからキャプテンを決めたときのチームというのは、どこかまとまりに欠け、甲子園を懸けた予選を勝ち抜くことができなかった……ということが多いのです。キャプテンを誰にしようかと迷ったときには、「キャプテンをやってくれれば、人間的に成長してくれるだろう」という期待を込めて指名したことも過去にはありました。

けれども、期待をプレッシャーに感じ取ってしまうのか、あるいはキャプテンを任せるだけの器量がなかったからなのか、そのいずれも当てはまるのかもしれませんが、大事なところでチームが一枚岩にならないということが、何度もあったのです。

それ以降、「キャプテンをやってくれれば人間的に成長するだろう」という期待を込めて、キャプテンを選出するということはしなくなりました。

それだけに、キャプテンを選ぶ際には、「リーダーシップを発揮できる選手かどうか」「私が遠慮なく叱り飛ばすことができるかどうか」、この2つを見極めることが重要なのだと、私は考えています。

小倉流ルール

キャプテンは人間的な成長を見込んでの指名はしない

リーダーシップには2つのタイプがある

リーダーシップを持った選手と言うと、大まかに2つのタイプに分かれます。ひとつは、「思ったことをズバズバ言って、ときには嫌われ役もいとわないタイプ」。もうひとつは、「口数は多くないけど、プレーする姿を見せて選手を引っ張っていくタイプ」です。

人間性に優れた11年キャプテンの畔上

前者で言えば、2011年に全国優勝したときの畔上翔が当てはまります。畔上は「アゼシュー」と呼ばれ選手から慕われる一方、練習中にたるんでいたり、気の抜いたプレーをしたりした選手がいたときには、容赦なく叱り飛ばしていました（「アゼシュー」とは畔上のかけ声「集合！」の略で、何かあるたびに大きな声で集合をかけ、選手たちと対話をしていました）。この年は、私が選手を叱ったり、あるいは注意したりしようとする前に畔上が動いてくれたので、私は黙って見守っていることが多かったのです。

そのようななか、選手たちが畔上のことを信頼してついてきてくれたのは、グラウンドを離れたときの彼の人間性を見ていてくれたこともあります。彼はグラウンドでは厳しいのですが、ひとたびグラウンドを離れて合宿所にいると、みんなで和気あいあいと楽しむ雰囲気を作り出してくれました。私と同じで、ひとたびユニフォームを脱いでしまえば、グラウンドで叱ったことはきれいさっぱり忘れているところがあったのです。

この年はどんなにチームが苦境に陥っても、あきらめたり音を上げたりする選手が誰もいなかったのですが、それは畔上が先頭になってみんなを引っ張ってくれたことが大きかったのです。

努力をチームに植えつけた18年キャプテンの日置

そして後者に当てはまるのが、18年にキャプテンを務めた日置航《ひおきわたる》です。彼は1年生のときから走攻守ともに群を抜いていて、最上級生になったら間違いなくチームの中心となり得る存在でした。そこで私は、日置に1年生の春の段階で、こう言いました。

「2年の新チームになったらお前さんをキャプテンにするからな。そのつもりで練習するんだぞ」

そう言うと、彼は誰よりも早く起きて、グラウンドに出てきて練習をするようになりました。そしてこれは、彼が3年生最後の夏を迎えるまで、ずっと続けていたのです。

日置の世代は、「三高の野球部史上、ワースト3に入るほど弱い」などと周囲から言われていました。そのことは当然、日置を含めた同じ学年の彼らの耳にも入っていたはずです。

「弱い弱いと言われるのならば、とことん練習してうまくなろうじゃないか」

そうした反骨心が、夏の西東京予選のベスト8での片倉戦で3点ビハインドの7回に、代打の小沢優翔《ゆうと》の逆転満塁ホームランを生み、決勝の日大鶴ヶ丘戦で相手エースの勝又《かつまた》温史《あつし》君（現・DeNA）から4番の大塚晃平が打ったサヨナラホームランにつながり、彼らを18年夏の甲子園に導いたのだと思います。

日置自身も甲子園で躍動しました。真骨頂となったのは、ベスト8で迎えた下関国際との試合です。0対2でリードされたまま、相手エースの鶴田克樹《かつき》君には7回2アウトまでノーヒットに抑えられていました。けれども8回に三高は反撃し、3連打で同点に追いつくと、ツーアウト三塁から日置の打球はファーストのグラブをはじき、見事にライト前へのタイムリーヒットとなりました。それが決勝点となって、逆転勝利を収めたのです。

どんなに劣勢でも誰一人としてあきらめることなく、相手に対して食らいついていたのも、日頃からコツコツと練習を積み重ねてきたことの自信が勇気となった表れでした。この世代は、まさに日置に象徴されるように、「努力で甲子園での快進撃を続けたチーム」でした。

このように、キャプテンを誰にするかというのは、みんなをどうやって引っ張っていくタイプなのかを見極めることでもあり、監督にとっての腕の見せどころでもあります。畔上も日置もタイプは違いますが、彼らは間違いなくチームを牽引する力はあったと、今でもそう思っています。

小倉流ルール

リーダー選びがチームの命運を左右する

相手を不必要に刺激してしまうと、痛いしっぺ返しを食らうことがある

勝負をするうえで忘れてはならない心構えとは、何か。真っ先に挙げたいのが、「相手を必要以上に刺激させないこと」です。これは、「相手を怒らせるような言動や行動は慎《つつし》みなさい」とも言い換えられます。

どんな相手にもプライドがある

たとえばピッチャーであれば、三振を奪ったときに「ヨッシャー！」などと大声で叫んだりしないこと。バッターであれば、タイムリーヒットやホームランを打ったときに、塁上で派手なガッツポーズをしないこと。自分の行ないが相手に不愉快に思われてしまったら、それが相手の闘争本能を刺激してしまって、実力以上の力を引き出してしまうなんてことも十分あり得るのです。

今から40年近く前の夏の甲子園で、ある雪国の県立高校が初戦を勝って、全国でも

有名な強豪校と対戦することになりました。このとき、県立高校の選手が試合前の練習で、同じグラウンドを使うことになっていた強豪校の複数以上の選手から、かなり強い口調で文句を言われたのです。

「お前ら、早くグランドを空けてどけよ！」

別にこの県立高校はグラウンドの使用時間をオーバーしていたわけではないにもかかわらず、強豪校が「自分たちが早く練習したいから」という理由で、一方的に邪険に扱われたというのです。

この行為の一部始終を見聞きしていた県立高校の選手たちは、憤慨しました。

「なんだよ！　あの上から目線の偉そうな態度は。ふざけるんじゃねえぞ」

高ぶった心理状態のまま試合に臨みました。すると、初回に相手チームが先制したものの、その後は県立高校が追いついて終盤の8回に逆転し、戦前の予想とは裏腹に、あっけなく強豪校が敗れてしまったのです。

この強豪校は初戦、2回戦と大勝していましたから、戦前の予想では県立高校よりも当然有利だと見られていました。ところが、不用意な一言で相手チームの感情に火をつけたばかりに、足元をすくわれる結果となってしまったのです。

このことは、あとになって当事者である県立高校の監督から直接お聞きしたのですが、私は他山の石と受け止め、肝に銘じました。

つまらないところで相手を怒らせてしまうと、自分たちが手痛いしっぺ返しを食らってしまう。そんな損な役回りなどごめんだとばかりに、私は常に目を光らせて、選手の言動や行動には細心の注意を払うようにしています。

相手の気持ちを考えさせる

ところが、相手チームの怒りを買いかねない出来事が、2001年夏、三高でも西東京予選の前に勃発しました。この年は全国制覇した年でもありましたが、内部では一触即発寸前で、一歩間違うと空中分解しかねない状況だったのです。

実は大会前に、「全国制覇」と書かれたTシャツを、監督である私の知らないところで選手たちが勝手に作ってしまったようで、西東京予選の初戦から選手全員で着ていくことを、選手同士で勝手に決めてしまったのです。

この年の三高は春のセンバツにも出場していて、夏の西東京予選では優勝候補の筆頭に挙げられ、初戦の相手はある都立高校でした。選手たちは当然のように優勝を狙っていて、そのことは「心のなかに秘めておけばいい」と私は考えていたのですが、初戦から「全国制覇」と書かれたTシャツを着て、球場入りしようとしていたのです。

彼らはこの姿を、「相手の選手が見たらどう思うのか」までは頭が回らなかったのだと思います。もし、私が実力の劣るチームの選手で、強豪校のチームがそのようなTシャツを着て現れる姿を見ようものなら、いきり立つのは間違いありません。

「何が全国制覇だよ、オレたちのことをバカにしやがって！　ようし、一泡食わせてやろうじゃないか」

その怒りが闘志へと変わり、実力以上の力を発揮して強豪校を打ち負かす、なんてことも十分に考えられます。実は、私が警戒したのはこの点だったのです。

「全国制覇」と書かれたTシャツを着て、合宿所から出て行こうとした選手全員を、「おい、ちょっと待て」と私は呼び止めて、こう言いました。

「誰に断ってそのTシャツを作ったんだ。そんなもの今日は着ていくんじゃねえ。みんな脱いで部屋にしまってこい！」

すると、チームの中心選手が「ふざけんなよ！」と怒り、Tシャツを脱ぐなり地面に叩きつけました。私は彼のした行為を許すことができず、次の瞬間こう叱りました。

「対戦する相手の選手の気持ちを考えてみろ！　そんなTシャツを着ているところを見られたら、気分を害するどころか、不愉快な気持ちにだってなるだろう。たとえ実力差があったって、相手はお前らと同じ高校生だ。相手を不必要に刺激したことが原因で、足元をすくわれることだってあるんだぞ！」

私は厳しい口調でそう言うと、最後にこうつけ加えたのです。

「いいか、その代わり甲子園への出場が決まったら、好きなだけ着させてやるよ。だがな、西東京予選の期間中は、絶対に着るんじゃないぞ」

結果的に優勝できたから言うわけではありませんが、このときの私の判断は間違っていなかったと、今でも強く思っています。勝ち進んでいけば、甲子園を狙えるくらいの強豪校と対戦します。不用意な行動で相手を刺激させ、必要以上の力を発揮されてしまったときのことを考えると、三高の選手が行なおうとしていたことは軽率だったと言わざるを得ません。

「試合」とはその言葉の通り、日頃の練習の成果を試し合う場でもあります。相手のことを敬い、持てる実力を存分に発揮すること。そのためには、相手を不必要に刺激させるような行為は慎むべきだと、私は思うのです。

小倉流ルール

どんな相手にも敬意を払う

選手の自主性を育む、効果的な叱り方

選手を叱るときのポイントは、「ガツンと言って、あれこれ口うるさく言わない」――。このことを徹底しています。

あとになってから、再度細かくあれこれ指摘する、あるいは小姑《こじゅうと》のようにチクチク言う、などというようなことは絶対にしません。

叱られて自主的に動いた選手たち

選手は叱られたときに、「なぜ叱られたのか」を理解しています。そこで、「自分が悪かった」と反省しているにもかかわらず、あとになってぶり返して、叱られた当時のことを再度口に出して説教をしてしまうのは、どうでしょうか。選手の心のなかで反抗心を生んでしまい、かえって逆効果となってしまうのではないでしょうか。**それだけに、指導者が「叱ることの意味」というのを、理解していなければなりません。**

選手の「自主性を育む叱り方」というのもあります。私がこのことを学んだのは、2004年夏の西東京予選のときでした。

このとき三高は、大会前から優勝候補の筆頭に挙げられていて、初戦から準々決勝まで順当に勝ち進んでいました。ところが、次の準決勝では3対1で勝ったものの、走攻守のいずれも、ひたむきさや一生懸命さがまったく感じられなかったのです。

そこで私は試合が終わったあと、叱ったのです

「決勝戦を目前にして、こんな情けない試合を戦ったのははじめてだ！　明日はお前たちで勝手にやれ！」

優勝候補に挙げられると、その気になってしまい、全力プレーをおろそかにしてしまうチームが見受けられますが、このときの三高の選手たちはまさにその状態でした。このままでは決勝戦で足元をすくわれてしまう——。そうした危機感が、私にはあったのです。

ただし、叱ったのはこのときだけ。その後の私は、選手たちを叱るようなことはありませんでした。2日後に控えた決勝戦に、彼らはどういった状況で臨もうとしているのか、じっくり見守るつもりでいたのです。

その日の夜でした。合宿所で食事を終え、監督室にいったん戻ってしばらくしてか

らトイレに行こうと廊下を歩いていたら、食堂のほうから選手の話し合う声が聞こえてきました。

私は、「みんなで何を話し合っているんだろう？」と思って食堂をのぞいてみると、決勝で対戦することになっていた顯明館《えいめいかん》の録画した映像を、選手全員で見ていたのです。

すると、私の姿を見つけた1人の選手がこう言ってきたのです。

「監督さん、ピッチャーが牽制《けんせい》を投げるときと、バッターに投げるときのクセがわかりました」

聞けばピッチャーだけでなく、相手の1番から9番までのレギュラー選手の特徴なども全員で分析して、「どうすれば打ち取れるか」をみんなで話し合っていたというのです。

このとき私は、選手にここを見なさいとか、こうしたほうがいいなどと具体的な指示はいっさい出しませんでした。彼らなりに昼間の試合のことを反省しつつ、自力でどうにか攻略法を見つけようとしていた気持ちを評価していたからです。

「私があれこれ口を挟むよりも、彼らの自主性に期待しよう」

こう思い、私は黙って選手たちのやりとりを見守り、その場をあとにしました。

そうして臨んだ決勝戦。初回に頴明館に2点を先制されたものの、3回に三高が3点を取って逆転すると、終わってみれば16安打で11点を奪い、相手打線を3点に抑えて勝利し、見事に2年連続11度目の甲子園出場を果たしたのです。

熱意こそが自主性を育む

「自主性を育てる」ということは、口で言うほど容易なことではありません。「自主性」を引き出すためのひとつとして、叱り方によっては、選手が「このままではいけない」と危機感を持ち、自ら考えて困難な状況を打開しようとします。

このときのポイントは、**「ガツンと叱って、あとはあれこれ口うるさく言わない」**ことです。あとになってもグチグチ叱ってしまうと、今度は選手のほうが、「はいはい、もうわかりました」と投げやりな気分になってしまいがちです。

今だから白状しますが、実は先述した選手を叱った日の夜、選手同士で相手チームの対策を立てていたときに、選手に「こうしなさい」と言いたい気持ちはありました。けれどもそこはグッとこらえたのです。そうさせたのは、選手たちが一生懸命考えて話していたときの「熱意」でした。この熱意こそが、自主性を育む姿勢を呼び込むのです。

選手の自主性を育む方法に悩んでいる指導者は、叱ることで効果が生まれることがあるということも知っておいてください。

小倉流
ルール

ガツンと叱って、あとは
あれこれ口うるさく言わない

第5章

「哲学」を育てる

～凝り固まった指導からの脱却～

常識を疑うことで、それが非常識であることに気づくこともある

これまで当たり前だと思っていた常識を疑う。

よく「わが家の常識は、世間の非常識」と言われますが、長くひとつの世界しか見ていないと、そうした状況も生まれてきてしまうものです。

無言の食堂風景を見て言われた言葉

私がこの言葉を身をもって知らされたのは、関東一高の野球部の監督に就任して、しばらくしてからのことでした。

私が現役時代の三高は、食事のときにあるルールがありました。それは、必ず畳の上で正座をして、背筋を伸ばしてお茶碗を高く持ち、音を立てずに静かに食べるというものです。まるで修行をしているかのような食べ方ですが、私は精神修養の一環にちょうどいいと思い、関東一高でも取り入れ、とくに改善しようとは思ってもいませ

んでした。

ところがあるとき、妻が合宿所の食堂に顔を出したとき、妻にちょっとちょっと、と手招きして呼ばれ、戸惑いの表情でこんなことを言われたのです。

「どうしてみんな無言で食べているの?」

私は胸を張って、こう返しました。

「あれこそが三高の食事の作法で、関東一高でも取り入れたんだ」

すると、妻は驚いた表情をして即座に言い出したのです。

「おかしいよ、それ!」

妻の言い分はこうでした。

「普通、家に帰って食事の時間になったら、家族で今日あった出来事なんかを話したりするでしょう? 選手にとって合宿所での食事は家で食べることと一緒なんだから、もっと楽しく食事しなきゃダメよ」

えっ、なんでそんなことを言うんだ⁉ と私は少々カチンときたのですが、少し時間が経ってから考えてみると、「それも一理あるな」と納得しました。

練習のときは緊張しているからこそ、食事のときくらいは選手の気持ちをリラックスさせてあげるべきだ——。

そう考えた私は、翌日から食事のときの会話を解禁にしました。もちろん、度を越した悪ふざけなどをしたときには、きつくクギを刺しましたが、普通の会話であればまったくのお咎めなしにして、「みんなで話しながら食べようや」と伝えたのです。

すると選手の笑顔が増え、食堂内の雰囲気も明るくなり、やがて私もその輪に入っていろいろな話をするようになりました。

「そうだよな、これが食事のときの雰囲気だよな」と、妻の何気ないひと言で、大事なことに気づかされた出来事でした。

当たり前だと思っていた野球部内の常識を疑う

野球部という組織のなかで選手とともに生活をしていると、守らなければいけないルールがあります。それを遵守させるのは当然のことですが、場合によっては行き過ぎたルールというのも存在するかもしれません。このときは「食事のときに会話はしない」というのがまさにそれに当てはまったのですが、それまで当たり前だと思っていた野球部内の常識を疑うことで、「それが世間では非常識である」ということに気がついたのです。

この話には続きがあります。食事を任されていた厨房《ちゅうぼう》の管理人さん夫婦と選手の会話が、みるみるうちに増えていきました。それも1人とか2人ではなく、選手全員が、「今日の食事は何でしょうか?」と話しているのです。それからだんだん食事のメニューにも選手からリクエストを出していって、みるみるうちにメニューが充実していったという相乗効果も生まれました。

和気あいあいとした雰囲気のなかで食事をすることは、もちろん今でも続けています。彼らにしてみれば、授業や練習でクタクタになったところでおいしい食事を楽しく食べることで、明日の活力となる。まさに理想的な食事の場となったのです。

小倉流ルール

間違っている「常識」は変えていく

これまで常識だと思っていたことが、人から「それは違うのではないか?」と言われたとき、聞く耳を持つことは大切です。それによって「たしかに間違っているな」と判断したら即座に変えること。それによって「悪しき風習をなくす」ことにつながっていくのではないかと思います。

古い慣習にとらわれた組織を変えるには、根拠と自信が必要

昔からのやり方に固執してばかりいると、それが弊害となって組織が廃《すた》れていく。どんな世界にも当てはまる話ではありますが、組織が長期に渡って低迷しているときには、昔からのやり方を思い切って大きく変えていくことで、道が拓ける場合もあります。

OBたちとの意見の相違

何かを組織的に大きく変えるときに大切なのが、「組織を変える根拠と自信」が、自分なりにあるかどうかです。ただ「古いから」という理由だけで物事を変えようとしてしまうと、組織はとんでもない方向に行ってしまいます。ですから、根拠もないまま組織を変えてしまうのは、絶対にやってはなりません。

私が三高に監督として招聘されたときが、まさしくそうでした。小枝さんと私が三

高の指導者を退いてからも、東京都の大会でなかなか勝ち抜くことができない状況が続いていました。そして、甲子園に出場することがあっても、早い段階で負けてしまい、なかなか勝ち抜くことができない。

そこで、私に三高側から「監督をやってくれないか」と白羽の矢が立ったのが、1996年秋のことでした。小枝さんと監督とコーチの二人三脚で三高の指導をしていた当時から16年以上の歳月が経っていましたが、私は覚悟を決めて監督として三高のユニフォームに袖を通したのです。

今でも忘れられないのが、三高の監督として指導にあたった初日のことです。三高のグラウンドに入って、バックネット裏のスタンドに目をやると、古参のOBの方々がズラリと並んでいるのがよくわかりました。

「関東一高を東京のみならず、全国でも知られる強豪校に育て上げた小倉の指導ぶりを、とくと拝見しようじゃないか」

そんな雰囲気が見てとれました。この方々は、「三高の野球はこうあるべき」と高い理想をお持ちでした。「古参OBが考える三高の野球からはみ出たものは、それは三高の野球とは言えない」、そうはっきり明言される方もおられたのです。

けれども私は、「これまでの三高野球は変えていこう」と考えていました。なぜなら当時の選手たちは、少し練習を見ただけでハッキリとわかる欠点が浮き彫りになっていたからです。

選手たちの欠点、それは「バッターが反対方向にばかり打っていて、フルスイングしても大きな打球が飛ばせないこと」にありました。このことはフリーバッティングを見たときに、すぐに気づきました。

当初は「反対方向に打つ練習から入って、思い切り振って遠くに打球を飛ばすのかな」と思って見ていたのですが、いつまで経っても反対方向にばかり打球を打ち続けている。そこで、「これはおかしい」となったのです。

たしかに、右バッターであれ、左バッターであれ、反対方向に打つことの意味はあります。打ちに行ったときに体が開いていると、力のない引っかけた打球が多くなる。たとえ練習で打てたとしても、いざ実戦に入るとアウトコースのボールがさっぱり打てない。そこで、反対方向に打つことで、ボールを長く見ることができるうえに、アウトコースのボールをうまくさばくことができるのです。

でも、このときの選手はまったく違いました。ピッチャーがどのコース、どの高さに投げても、すべて反対方向に打ち返している。これではバッティングが窮屈になってしまって、外野手の頭を越えるような大きな打球は打てないと悟ったのです。

私は、フリーバッティングを終えた選手を呼び止めて、「どうして反対方向にばかり打っているんだ?」と聞いてみたのです。すると、選手から返ってきた答えはこうです。

「チャンスの場面で反対方向に打つのがいいバッティングだと、監督たちからこれまで教えられてきたからです」

さらに続けて、「OBの方々もこのバッティングがいいと言っているんです」と言うのです。

彼の言葉を聞いて、三高が甲子園になかなか出場できず、低迷している理由の一端がわかる気がしました。

たしかに1960年代、70年代の高校野球でしたら、ノーアウト一、三塁という場面でスクイズや反対方向に打って得点するというスタイルの野球のほうが得点を奪う確率が高かったのかもしれません。けれども82年の夏の甲子園で、徳島の池田が「やまびこ打線」を引っ提《さ》げて旋風を巻き起こしたとき、高校野球の戦い方は大きく変わりました。

この年の夏の決勝で、池田と戦った広島商業は当時、春1回、夏5回の優勝を誇る名門校でした。しかも7回決勝に進んで、6回勝っていたという過去の実績もある。

試合前は手堅い試合運びをする広島商業に対して、猛打の池田打線がどう立ち向かっていくのかに、注目が集まりました。

ところが、池田が初回にツーアウトランナーなしから一挙に6点を取ると、その後は池田の一方的なペースとなり、気がつけば12対2で広島商業を圧倒して優勝を決めたのです。このときから「打力を磨いて向上させることで、甲子園で勝てるチームとなる」と考える指導者が急激に増え、関東一高で監督1年目だった私も、その考えを持つようになりました。

さらに池田が優勝した直後、あるテレビ番組の特集で、池田の練習風景を流した映像を見たときに、それまで高校生の間でほとんど行なわれていなかったウエイトトレーニングに力を入れていることもわかりました。そこで私も、関東一高でさっそく取り入れてみることにしたのです。

すると徐々にですが、打力が上がっていき、監督就任5年目（85年）の夏、東東京予選の決勝で帝京と当たり、4対3で関東一高がリードした8回裏に一挙8点を取って、初の甲子園出場を決めたのです。「石の上にも3年」とはよく言ったもので、この年の3年生は、池田が夏の優勝を決めた翌年の春に入学してきた選手たちで、ウエイトトレーニングを3年間、みっちりやった成果が現れた世代だったのです。

その後、甲子園では1回戦で京都の花園に12対1で勝つと、その後も準々決勝まで勝ち抜き、「強打の関東一高」を、多くの人に印象づけることができました。

それから時が流れて12年後。私は母校のグラウンドで指導することになったときに、バッティングの力不足を大いに感じていました。

私は選手に対して、こう問いかけてみたのです。

「お前さんは打つのが好きだから、野球を始めたんじゃないのか？」

断っておきますが、私は別に選手を責め立てようとしていたわけではありません。ただ純粋に、野球を始めた動機について聞いてみたかっただけなのです。

10秒くらい経ってから、うつむいていた選手が顔を上げて小声で言いました。

「そうです。打つのが好きだったから野球を始めました」

「それなら聞くけど、反対方向にばかり打球を打っていて楽しいか？」

「正直、楽しくありません」

「だったら打球が外野のフェンスを越すつもりで、思い切りバットを振ってみるんだ」

私がそう伝えると、「えっ、いいんですか」と、選手の表情が驚きと喜びに変わりました。そして、私は選手全員を呼んで指示しました。

「いいか。フリーバッティングでは空振りしても、ポップフライを打ち上げたっていいから、思い切りバットを振ってみろ」

すると、それまでと打球の質が大きく変わりました。外野まで飛ぶ打球もあれば、内野に高々と舞い上がるフライもありましたが、フリーバッティングをしているときの選手の表情を見ていると、それまでとは違い、なんだか生き生きしているように見えたのです。

「いつ辞めてもいい」という覚悟のもとに

そうしたなか、私の指導に異を唱えた人たちがいました。バックネット裏で見ていた、古参OBの方たちでした。

「どうして小倉はあんな野球を教えるんだ！　これまで教えていた通りの指導をしなきゃダメだろう！」

「あんなに振らせたら三振の山を築くんじゃないか？」

なかには、「三高の野球は1点差を守る野球じゃないか！」と声を荒げたOBもいました。「自分たちが経験した野球は絶対である」と考えていた人たちにとって、私の指導は180度変えることになるのですから、さぞかし奇異に映り、到底受け入れられるものでなかったに違いありません。

けれども私は、そうした声にもまったく動じませんでした。それどころか、古参OBの方たちに、こう明言したのです。

「私は1点差で勝つ野球が、いい野球だとは思っていません。9回攻撃するチャンスがあるんだから、10点、それ以上点を取って勝ったっていいんです。そのためには攻撃主体のチームにしていかないと、三高の野球部はこの先も強くなりはしませんよ」

こう言い切るのも、明確な理由がありました。私が三高の監督に就任する前の直近5年間（92年から96年）の夏の西東京予選では、ベスト8に進出したのが92年と94年の2回だけ。あとは、そこに到達する前までに敗退していたのです。順調に勝ち上がっても、甲子園を狙える力のあるライバル校と対戦すれば、ことごとく負けてしまっていた。こんな野球を続けていては、いつまで経っても弱いままです。

それに、自分の信じた野球を貫いて仮に結果が出ないようであれば、私は実家のある千葉の九十九里で農業をすればいいんだ、と腹をくくっていました。そうした覚悟もあったからこそ、古参OBを前にしても動じることはなかったのです。

すると、私の予想を上回るほど、早い段階で結果が出ました。就任1年目の97年夏の西東京予選では、いきなりベスト8の壁を越えてベスト4まで進出。翌98年はベスト8、そして99年の春に5年ぶりのセンバツ出場を果たしたのに続いて、夏の西東京予選も決勝に進出しました。決勝戦では国学院久我山を延長12回の末8対6で破り、85年以来、14年ぶりの夏の甲子園出場を果たすことができたのです。これ以降、それまで私の指導に批判的だった古参ＯＢの方々も、口出しするようなことはいっさいなくなりました。

小倉流ルール

「こうすればよくなる」という覚悟を持つ

昔のやり方を大きく変えるのは勇気がいることです。私のように反対する人が多く出たって不思議なことではありません。けれども、「こうすればよくなる」という方法があるのであれば、信念を貫いて指導にあたることも大切です。

それでも一定の期間以上結果が出ないのであれば、そのときは自分が責任を取って潔く辞めればいい。私は指導者はそうあるべきだと、今でもそう強く思っています。

自分の性格を生かした方法で選手の指導を行なうべき

選手をほめたり叱ったりするタイミングは、指導者の判断で行なうこと。こればかりは、どんなに人から聞いたことを模倣してもうまくいくものではありません。

誰かのマネをするだけではうまくいかない

毎年、東京都の監督が集まって指導者講習会が開催されており、若い監督のなかには、ベテランの監督を質問攻めにして自分の指導に取り入れようとしている人もいます。その心意気は評価できるのですが、あるベテランの監督の「叱るときはこのタイミングで、ほめるときはこのタイミングがいいですよ」というアドバイスを聞き逃さないように一生懸命メモを取っている人がいました。

その人は私のところにもやって来て、「小倉監督、ちょっとお聞きしたいのですが……」と言うと、ベテランの監督にしたのと同じ質問をしてきたのです。

そこで私は、自分が選手をほめるとき、叱るときのタイミングや言葉などを、いくつかのケーススタディを想定しながらアドバイスしたのですが、最後にその若い監督にこう伝えたのです。

「あくまでもこれは私のやり方です。そのままそっくりマネしたって、うまくいかないはずですからね」

実は、これが大事なのです。人から聞いたことを自分流にアレンジして使うのであればいいのですが、そのままそっくり使ってしまうと、監督ごとに置かれている状況は異なるので、肝心の選手たちがついていけなくなる、ということもあり得るのです。

私とその若い監督とでは、性格も違えば経験も違います。向き合う選手のタイプだって違うわけですから、聞いたことがそっくりそのまま当てはまって、すべて正解になるということはあり得ないのです。もっと言えば、聞いたことがまったく参考にならずに、使えないということだって考えられます。

大阪桐蔭・西谷監督が作り出すチームの空気

かくいう私自身も、似たようなことがありました。ある高校の監督から、大阪桐蔭の西谷浩一《にしたにこういち》監督の、選手との接し方のあるひとコマを聞く機会があったのです。

その監督のいる高校が、大阪桐蔭と練習試合を行なったときのこと。大阪桐蔭の攻撃でノーアウトランナー一塁という場面で、一塁ランナーが盗塁を仕掛けてきました。タイミング的にはアウトに見えたそうですが、二塁の塁審の判断で「セーフ」のジャッジが下りました。

練習試合のときの審判というのは、双方の高校の控えの部員が2人ずつ審判を出し合ってジャッジをすることがあり、このときの二塁の塁審は大阪桐蔭の部員だったのです。

そこで、大阪桐蔭のベンチからはヤジが飛び交いました。

「ランナー、今のアウトやで！　二塁の塁審に感謝せなアカンぞ！」

「そうやそうや、ジュースを1本持って行ったれ！」

直後、西谷監督も大声でツッコミました。

「弁当も一緒につけなきゃアカンやろ！」

ベンチのなかは大爆笑、選手と一緒になって盛り上げていたということです。

西谷監督は選手の個性を大事にしながら、長所をうまく伸ばしていく指導を行なう一方で、ベンチ内ではこうして選手と一緒にノリ・ツッコミができる監督でもあるのです。

このエピソードを聞いたときに私は、「西谷監督のような振る舞いはできないな」と即座に思いました。

私自身、「監督は試合中、選手と一線を引いて接することが大事」だと考えていますから、試合中に選手と一緒になってノリ・ツッコミなどできるはずもありません。それを「西谷監督がやっているから」という理由だけで、同じような振る舞いをしてしまうと、間違いなく選手たちは戸惑う一方になってしまうはずです。

大阪桐蔭からプロ野球の世界に進んだ中田翔《しょう》選手（日本ハム）や森友哉《ともや》選手（西武）らを見ているとおわかりになるかと思いますが、西谷監督は彼らの個性を尊重しながら育てています。もし私が中田選手や森選手のような選手を指導したとしたら、「もっといい子に育てよう」と思ってしまうかもしれません。

でも、いい子に育ててしまったら、果たして中田選手や森選手は今のような選手になっていたのかどうか――。たられればの話なので、これればかりはわかりませんが、「西谷監督だからこそ、彼らはプロの世界で大成することができた」とも考えられます。

選手を指導することにおいて、「これだ！」という正解などありません。大切なのは叱り方やほめ方を学ぶのではなく、「自分はこのような方針で選手の指導にあたっていく」という「信念を持つこと」なのです。

若いうちは経験不足から、いろいろな監督のやり方を学ぶことは大切ですが、それをそっくりそのまま鵜呑《うの》みにしてしまっても、期待したような効果が得られないこともあるということは、知っておくべきかもしれません。

小倉流ルール

先人からの学びは、自分なりにアレンジして、信念をもって指導する

「あのしごきに耐えたから今がある」というのは、間違った思い込みに過ぎない

どんな名門校でも、繰り返し不祥事を起こしてしまえば、取り返しのつかないことになります。長年、高校野球の現場で指導してきた私が、もっとも実感していることです。

しごきを美化してはいけない

監督が部員に暴力をふるった、部員がタバコや飲酒を行なった、上級生が下級生に暴力行為を働いた……。どれも起こり得る問題です。名門校がこのような問題を起こすと、マスコミにこぞって取り上げられます。なかでも暴力問題にはマスコミは敏感で、「甲子園にも出場経験のある○○高校が、野球部内で暴力事件を起こした」ことが発覚すると大騒ぎになり、程度にもよりますが数か月間の野球部の活動の停止、あるいは対外試合禁止などの措置がとられます。

このような事態になった場合、2つの考え方に分かれます。ひとつは、「これまでとは違うやり方でやっていこう」と今までの考え方をあらためていく。もうひとつは、当分の間は静かにして、謹慎や対外試合禁止などの自粛期間が解除されたら、また元のやり方に戻してしまうことです。

普通ならば問題が発覚した時点で、「今のままではよくない。どうにかして野球部の体質を改善していこう」と考えるはずなのですが、実際はほとぼりが冷めたらまた元の状況に戻してしまうという野球部も多いと聞きます。

たとえば、甲子園でも何度も優勝し、多数のプロ野球選手を輩出している、ある野球名門校が、まさにこれに当てはまります。そこで育ったOBたちが異口同音に唱えていたのが、次のような言葉です。

「あのしごきに耐えてレギュラーになれたからこそ、今があるんだ」

「厳しさを乗り越えたからこそ、プロ野球の世界で大成することができた」

こう誇らしげに答えているのです。つまり、「しごきに耐える＝プロに行って成功する」という間違った価値観が、美談としてOBたちに脈々と受け継がれていき、しごきを根絶できなかったわけです。このような考えをOBたちが持ち続けているようでは、いつまで経っても「しごきという名のいじめ」はなくなりません。

実際、その野球部は何度となく活動停止処分が下されましたし、それは一度や二度ではありませんでした。

とにかく上級生と下級生は仲良くさせる

私はよくミーティングで、世間で起きていることなどを話題に取り上げて話します。

そのとき、高校野球のこうした不祥事があると、次のように議論することもあります。

「上級生が下級生をしごく野球部が今でもある。このことを聞いて、みんなはどう感じるかな？」

「そういうことをやって、いったい誰が幸せになるのでしょうか？」と言う選手もいれば、「学校を卒業したときにその先輩とは道で会っても、口を聞きたくないと思ってしまいますよね」と言う選手もいますが、どれも間違っていません。

そうして意見が出尽くしたあと、私は最後にこのような話をして締めます。

「みんなは上級生、下級生関係なく、仲良くやるんだぞ。下級生はわからないことがあれば上級生に聞けばいいし、聞かれた上級生は丁寧に教えてあげるような関係じゃなきゃダメだ。不祥事を起こすような野球部は、いずれ廃れてしまうことのほうが多いから、反面教師としていこう」

その後、この野球名門校は、野球部そのものが消滅してしまい、過去の栄光だけが残る結果となってしまいました。果たしてOBたちは、この事実をどう受け止めているのでしょうか。

「あのしごきに耐えたからこそ……」などと言っていても、母校の野球部が消滅してしまうなんて、ただただ悲しいだけではありませんか。このような考え方をあらためない限り、不祥事を起こすような野球部に明るい未来はない——。私はそう考えているのです。

小倉流ルール

不毛な上下関係ほど不要なものはない

野球とかけ離れたペナルティを与えても、技術の向上にはつながらない

「ペナルティ」を選手に与える場合、選手の実になるペナルティでなければまったくの無意味である――。このことを理解して実践している人は、意外と少ないのではないでしょうか。

失敗したときの罰で野球が嫌になっていく

97年春、私が17年ぶりに三高に戻ったとき、昔と決定的に違うのは、監督として戻ってきたことでした。コーチ時代の17年前とは違って、関東一高で監督としてさまざまな人生経験を積ませてもらいました。その経験を三高での指導に生かせればと思い、私は意《い》気《き》揚々《ようよう》としてグラウンドに出たのです。

そこで選手を見て愕然としました。関東一高と比較すると、明らかに選手のレベルが下だったからです。フリーバッティングをやらせても外野の頭を越える打球がやっ

とで、フェンスオーバーするような打球を打つ選手が誰もいないのは先述した通りです。何よりも、選手全員の表情が暗いのが気がかりでした。そこで、個々の選手の技量をチェックしようと思って、シートバッティング、いわゆる実戦形式のバッティング練習をやらせることにしたのです。

トップの選手がカーンと打った打球が内野フライになる。そしてアウトになった瞬間、その選手はグラウンドの外に走り出そうとしたのです。

「おい、どこに行くんだ？　トイレでも行くのか？」

私が不思議そうにその選手に聞くと、その選手はこう言いました。

「いえ、これから草むしりをやりに行きます」

私は思わず、「何言っているんだ？」と目を白黒させてしまいました。私は、その選手にこんな質問をしました。

「ちょっと聞くけど、草むしりをして野球がうまくなると思うか？」

その選手は即座に、「いえ、全然思わないです」と真顔で答えたのです。

「ははっ。そうだよな、うまくなるわけがないよな」

本当は笑ってはいけないところなのですが、私は思わず苦笑いするほかありませんでした。

その選手の言葉を聞いた私は、三高がこれまでどんな野球をしていたのか、はっきりわかりました。野球の技術にまったく結びつかない、精神的にこたえるだけの懲罰的な意味のペナルティを与えたところで、選手の技術が向上するはずがありません。それどころか、選手の野球に対するモチベーションを、著しく低下させていることに気がついたのです。

必要なのは「野球をやる喜び」を感じさせること

草むしりに行こうとした選手とのやりとりのあと、私は選手全員を集合させてこう宣言したのです。

「いいか、練習中にミスをしても今後は草むしりなんてやらせないからな。シートバッティングで凡退したら素振り、ティーバッティング、マシンで打ち込む。これをどんどんやりなさい」

そう言うと、選手全員の目の色がはっきり変わったことがわかりました。**彼らに必要なのは失敗したときの罰ではありません。野球をやる喜びを感じてもらうことだったのです。**

選手がバットをガンガン振るようになってくると、私は次にこんな指示を出しました。

「外野後方のフェンスがあるだろう？　あそこを打球が越えるように、思い切りバットを振りなさい」

すると、はじめは「えっ、それは無理ですよ」と言っていたのですが、1週間、2週間と振り込んでいくと、徐々に外野へ飛ぶ打球が増え、やがてフェンスオーバーする打球を打つ選手も出てきました。

当たり前ですが、練習中から野球と関係ないペナルティを与えてしまうと、野球は当然上達しません。それに、的はずれなペナルティだと、「ミスしないようにしなくちゃ」とこじんまりとしたスイングになり、結果ボールを当てにいくバッティングとなってしまいます。これではホームランはもちろんのこと、ヒットすら打てません。

もしペナルティを与えるのであれば、まず野球の技術に関連したものでなければなりません。選手自身も、それであれば「もっとうまくならなくちゃいけない」という気持ちになり、率先して練習を行なうようになるものです。事実、三高の選手たちは草むしりというペナルティを排除したその後は、成功しようが失敗しようが伸び伸びとプレーをするようになりました。

「野球とは関係のないペナルティを与えてしまうと、選手にとっては百害あっても一利もない」

このことを、世のなかの指導者は知っておいてほしいと思います。

小倉流ルール

選手たちを萎縮させる無意味なペナルティを与えない

上級生が下級生をしごく野球部の「負の共通点」

上級生が下級生をしごくような野球部には「ある共通点」が存在することを、みなさんはご存じでしょうか？　グラウンドのなかではもちろんのこと、グラウンドを離れたところでも、上級生と下級生の間に壁があるかないか、私は一目で見分けることができます。

上級生と下級生との間に壁がある野球部を見て

三高にはＯＢが後輩の練習のお手伝いに来ると前の項（１４８ページ）でも話しましたが、そのときライバルだった学校の選手を連れてくることもよくあります。最近ですと、18年夏の甲子園で準優勝した金足農業の当時のキャプテンだった佐々木大夢《ひろむ》君がやって来ました。

佐々木君は日体大に進み、三高で彼と同じ学年の大塚晃平が日体大に進んだことが縁で、お互いの高校の話をしていたら、佐々木君のほうから「ぜひ一度、三高に行ってみたい」という話になったというのです。

練習中の雰囲気や食事風景などを見て、彼も感じるところがあったのでしょう。練習後、佐々木君が私のところにあいさつに来ると、こう言ってくれたのです。

「三高さんって、ものすごくいい雰囲気のなかで野球ができているんですね」

上級生と下級生の垣根などなく、フレンドリーに接している姿を見て、そう言ってくれたのだと思います。


けれども、上級生と下級生との間に壁がある野球部だと、こうはいきません。

あれは今から15年以上前、ある野球名門校と三高のグラウンドで練習試合を行なったときのことです。その日は三高に1泊することが決まっていたのですが、夜、食堂にその学校の上級生と下級生が一堂に集合して全員がイスに座っている姿を見た際、私は「あれ？」という違和感を覚えたのです。

上級生が下を向いて一生懸命携帯電話をいじったり談笑したりしているのに対して、下級生である1年生は背筋をピンと伸ばしたまま、目の前を直視したままでいる。そのときの1年生のなかには、のちにプロ野球の世界で活躍する選手も含まれていました。

そして翌年、再びその学校と練習試合をすることになりました。前の年に見た、有望な1年生の選手はどれだけ成長したのか、私は注目していたのですが、あろうことか1年前に見た上級生の振る舞いを、その選手が上級生になったとたんにしているではありませんか。しかも下級生は、1年前に見た下級生とまったく同じ振る舞いだったのです。

なんだ、1年前とまったく変わっていないじゃないか――。私はこの光景を見て、三高の選手たちにこう伝えました。

「上級生と下級生の振る舞う姿をよく見ておくんだ。あの学校の野球部には、まだいじめやしごきが残っているぞ」

上級生がのさばることで生まれる「負の伝統」

数年後、その学校は「上級生による暴力行為」が発覚し、数か月間の対外試合禁止処分が決まったという報道がありました。私はやっぱりなと思いつつも、「いつまでこんなことやっているんだろう」と、わがことのように愕然としたものです。

上級生と下級生との間に壁があることは、このほかの場合でも見てわかります。具体的に挙げると、練習のとき、下級生はハイネックのアンダーシャツを着ていない。あるいは、練習用のユニフォームが柔らかく感触のいいメッシュの生地ではなく、硬くゴワゴワした綿の生地に限定されている——。

こうしたことは、私たちの時代にもありました。制服を着たときの学帽を、上級生たちはつぶしていたのですが、下級生、とりわけ1年生にはそれが許されなかった。それが1年経って後輩たちが入ってきたときに、3年生からこう言われて、晴れて〝解禁〟となっていたのです。

「明日から学帽をつぶしてかぶってもいいぞ」

しかし、今振り返って考えてみても、これは健全な上級生と下級生の関係であるとは言えません。こうした学校は多くの場合、夏の予選を勝ち上がることができません。なぜなら、上級生と下級生が一体となっていない、最近の言葉で言うと「ワンチームになっていない」証拠だからです。

本来であれば、3年生の最後の舞台を2年生、1年生がサポートしていかなければいけないはずなのに、2年生の心の内は、こんなふうによからぬことを考えていることが多いのです。

「この大会が終われば、やっとオレたちの天下になる。そうしたら下級生をトコトンしごこうぜ」

これが次の年も、また次の年も連鎖していき、それが「負の伝統」として脈々と受け継がれてしまう。これでは夏の甲子園出場を勝ち取ることなど、どだい不可能だというわけです。

こうした体質のチームは、即刻あらためていくべきであると、私は強く切望しています。

小倉流 ルール

上級生の威圧感はいらない

「悪しき伝統」をなくすには、指導者の「覚悟」が必要

上級生と下級生の間にはびこる、悪しき伝統をなくすはどうすればいいのか。それには指導者の「覚悟」が必要です。見て見ぬフリなどもってのほか、上級生と下級生の間で話し合いをさせて解決させるなどは、まったくの理想論でしかありません。

「自分は先輩である」という特権は何も生み出さない

三高に監督として戻ってきた当初、こんなことがありました。夕食後に室内練習場でバッティング練習をする習慣があり、このとき下級生がピッチングマシンにボールを入れて、上級生が打っていました。上級生が終わったら、「あとは片づけておけよ」と言って、下級生はボールを拾い集めるだけで、マシンを打つことすらできない。

本来であれば、上級生が打ったのならば、「今度は打てよ」と下級生に打たせてあげるべきなのですが、それすらやろうとしないのは、「自分は先輩である」という特

権を振りかざした、自分勝手な行為と言わざるを得ません。このようなチームでは、間違いなく上級生と下級生の間の一体感など生まれません。

また、こんなこともありました。深夜遅くに、洗濯機の置いてある部屋が煌々《こうこう》と明かりが点いていました。何をやっているんだろうと思って私がその部屋をのぞくと、下級生数人が洗濯機の前にいたのです。

「お前たち、こんな夜遅くに何をしているんだ。誰の洗濯をしているんだ？」

私が聞くと、その場にいた全員が口をつぐんでしまったのです。そこで翌日になって、全員を食堂に集めました。

「昨日、1年生に夜中遅くまでユニフォームを洗わせていたのは誰だ？」

当然ですが、上級生は誰も名乗り出ません。そこで私はこう言いました。

「昨日、1年生に誰の洗濯をしているんだと聞いたけど、誰も答えようとしない。『いい加減に答えろ！』って殴ったんだけど、それでも答えなかった。だからみんなに聞いているんだ」

もちろん、実際には殴ってなどいません。けれども、「殴られても名乗らなかった」という事実を知った上級生はさすがに悪いと思ったのでしょう。「自分です」と手を挙げて名乗り出てきました。

そこで私は、「わかった。これからは自分の洗濯は自分でやりなさい。いいか、これはみんなも同じだからな」と言って、それからは自分たちの身の回りのことは自分ですることを徹底させていきました。

低迷の原因は「選手の実力不足」ではない

私は早い段階でこうした悪しき伝統にメスを入れることができましたが、全国には未だにこうしたことが続いている野球部もあると聞きます。

でも、考えてみてください。上級生のために下級生の時間が奪われることで、下級生たちは野球がうまくなるでしょうか。

先にお話ししたバッティング練習の件だってそうですし、洗濯の件だってそうです。夜中に先輩の着たユニフォームを洗濯する時間を自分の睡眠に充てるほうが、よっぽど自分のためになります。

これは、大阪桐蔭の西谷監督に聞いた話です。西谷監督が大阪桐蔭にコーチとして赴任した当初、やはり下級生が上級生の洗濯をするということが横行していました。

それを見た当時の西谷コーチは、「下級生が洗濯に充てる時間を練習する時間に変えてしまえば、下級生のレベルが上がってくる」と考え、上級生たちにこう言ったそうです。

「上級生は洗濯を下級生に押しつけるのなら、オレのところに持ってこい。オレが全部洗濯してあげるからな」

そう言うと、上級生は誰も西谷コーチのところには持ってこずに、また下級生たちに押しつけることもせずに、自分たちで洗濯を行なうようになったというのです。

彼は高校時代、野球部内で起きた暴力事件がきっかけで甲子園出場をあきらめたというつらい経験をしています。自分と同じ苦労は後輩たちにさせたくないと思ったのと同時に、「上級生と下級生を同じ条件下で鍛えることができれば、間違いなく強くなる」という確信があったのでしょう。

事実、大阪桐蔭は西谷監督になってからは春3回、夏4回も甲子園で優勝し、12年と18年には2度の春夏連覇を達成するという偉業も成し遂げています。悪しき伝統を排除し、上級生と下級生が対等の条件下で実力を競い合うことで、野球部の力を高めることができた。まさにチーム一丸となった証拠であるのです。

低迷しているかつての名門校と呼ばれる学校ほど、低迷の原因を指導者は、「選手の実力不足」ととらえがちですが、よくよく聞いてみると、悪しき伝統が足を引っ張っているという例も珍しくありません。

そこを改善していくために、監督やコーチといった指導者が、いかに覚悟を持って変えていけるか――。それができるかどうかにかかっているのではないかと思うのです。

小倉流ルール

「悪しき伝統」ほど早急に取り除く

第6章

「人生」を育てる

～人生には越えなければいけない山がいくつもある～

野球から距離を置いたことで学んだこと

遠回りすることが実は近道だったりする。「急がば回れ」と言いますが、挫折した経験がのちの人生にプラスに働くことは、往々にしてあることです。

野球部以外の一般生徒と接して得た気づき

挫折という意味では、私自身は関東一高時代に経験しました。先述したように、1988年夏の東東京予選が終わった直後に、私は監督をクビになったのです。けれども、結果的にこのとき野球部から離れ、一教師として過ごした4年間が私にとって大きな財産となったのですから、人生はわからないものです。

まず、当時の教頭先生から、「クラス担任を持って、生徒たちの指導にあたってください」と言われました。さらに次の年には学年主任まで務めました。このとき、野球部員以外の生徒とはじめて深く接しました。高校を卒業したら大学に進学したいと考えている生徒もいれば、就職を考えている生徒もいる。このあたりは普通の生徒です。問題は、これ以外の生徒でした。学校に行くのが面倒くさくて常にサボることしか考えていない生徒もいれば、何か悪さをして「もう学校に来るな！」ときつく叱ると、本当に来なくなってしまう生徒もいたのです。

野球部にいる生徒たちは、「甲子園に行く」という明確な目標があったので、それに向かってどう鍛えていけばいいのか、どういう経験を積ませればいいのかを考えながら指導にあたっていました。けれども、学校に来ない生徒には、高校在学中に「こうしたい、ああしたい」という明確な目標が何ひとつありません。それだけに「この子たちにどんな目標を持たせるべきか」というのを、日夜を問わず考えていたこともありました。

「不良生徒」から教えられた世間知らずな自分

さらに私が驚いたのが、いわゆる「不良」と呼ばれている生徒に対する接し方でした。あまりにも学校に来ない不良の男子生徒がいたので、彼が住んでいたマンションに家庭訪問をすることになりました。このとき、どこにでもいる、ごく普通のご両親が応対してくれて、しばらくするとその生徒の妹が学校から帰宅しました。まだ中学生だったのですが、成績優秀でご両親にとっても自慢の娘さんのようで、親子3人で笑顔で会話をされていたのです。

しばらくしてから、私のクラスの不良の男子生徒が帰宅しました。そのとたん、それまでにぎやかだった家の雰囲気が一変してシーンと静まり返り、家族全員が何も言葉を発しなくなったのです。

「明日からきちんと学校に来るんだぞ」

私が男子生徒にそう言うと、「はい、わかりました」と返事をしてくれたのですが、生徒のお父さんが一言、「まったくお前はどこまで先生に迷惑をかければ気がすむんだ！」と叱りつけました。

すると、彼はすかさず「うるせえ！　黙ってろ！」と返したのです。その言葉づかいの荒さに私は思わず男子生徒を注意してしまったのですが、そこからは再び静寂の空気が流れたのです。

それから十数分くらい経ってからでしょうか、私は解決したと判断して、男子生徒の家を出ようとすると、彼が私をマンションのエレベーターホールまで見送りに来てくれました。そのときにポツリと一言、うつむきながらこう言いました。

「先生、うちの父さんと母さんはオレなんかいないほうがいいと思っているんだよ」

直後、私は返す言葉が見つかりませんでした。両親や兄弟の仲がよく、それが当たり前だと思って育ってきた私にしてみたら、「家族の仲がうまくいっていない家庭がある」ことが想像できなかったのです。

さらに、彼は続けてこう言いました。

「オレは仲間を選ばなきゃ居場所がないんだ。それで暴走族の仲間と一緒にいるんだよ。オレの気持ちをわかってくれるのはアイツらだけなんだ」

そう言った彼の姿が、私の目にはなんだか寂しく映っていました。そして、このときから少し時間を置いてから、彼は学校を辞めてしまったのです。

身につまされる思いがしたのと同時に、私はなんて世間知らずだったんだと、わが身を恥じました。こうした不遇な思いをしている生徒の立場に立って、一度でも物事を考えたことがあっただろうか――。

当時は今と違って、先生が不良と呼ばれる生徒に対して厳しく当たることが許された時代ではありました。けれども、「なぜ不良と呼ばれるような生徒になってしまったのか。その原因はいったいなんだったのか」までは深く問いつめて考えたことがなかったのです。

このとき以降、私は不良の生徒が問題を起こしたり、停学になるようなことがあったりした際には、土日の週末に千葉の九十九里の自宅まで連れて行き、寝食を共にすることにしました。

「ウチには遊びに来るわけじゃないぞ。朝はきっちり起床時間に起きて、規則正しい生活をする。月曜日の朝に寝坊することがあったら、オレはお前たちを置いて1人で学校に行くからな」

そうして1泊2日、共に過ごすなかでいろいろな話をしました。なぜ学校に来たくないのか、学校が終わったらどんな生活をしているのか、家族とは仲がいいのか悪いのか、彼女はいるのか、など多岐に渡って話してくれたのです。

このとき、わかったことがありました。

「世間からはワルなどと言われているけども、心の根っこの部分はいいところがたくさんある子たちじゃないか」

それだけに、どんなことがあっても彼らが卒業するまで面倒を見る――。そう覚悟を決めていたのです。

その後も紆余曲折はあったものの、点数の足りない生徒には追試を受けさせたりして、どうにか卒業式当日を迎えることができました。このとき私は、クラスにいる全員に伝えました。

「ここにいるみんなが主役の卒業式なんだから、一生の思い出に残るようないい卒業式にしような」

その言葉に応えてくれるかのような、ほかの先生方も感動してくれるような卒業式になったのです。


結局、92年12月に再び野球部の監督に戻ることになったのですが、88年秋から92年秋までのおよそ4年間、野球部の監督を離れて一教師として過ごしていた時間が、間違いなく私の財産となったというのは、今でも自信を持って言えます。

それまでの監督時代は私が主導の考え方で、ときには強引に推し進めてしまうようなところもありました。けれども、野球部以外の生徒と接することによって、相手を思いやる考えが出てきて、臨機応変に柔軟な発想を取り入れながら、選手の指導にあたることができるようになっていったのです。

もし私が、野球部の監督を一度も辞めることなく、ずっと続けていたらどうなっていたでしょうか。何かの拍子で部員に手を上げてしまい、それに端を発して野球部にとどまらず学校全体で話し合われるような問題となり、結果、野球部を追われてしまうという結末を迎えていた、なんてことも起こり得たかもしれません。

一度は野球部の監督を離れ、遠回りしたことで学びました。

「杓子定規《しゃくしじょうぎ》で人を判断してはいけない」

自分が生まれ育って培った価値観が絶対なのではなく、10人いれば10通りの考え方や育ち方があるのを知ることができたのは、私にとって今でも大きな財産となっています。そして、この経験があったからこそ、今でも母校の監督を続けているのだと、自信を持って言えるのです。

繰り返しますが、人生において回り道をすることは、決して遠回りではありません。遠回りだと思って進んでいくなかで、これまで自分が知ることのなかった新たな発見がある。そのことによって考え方の視野を広め、人間的にも大きくなっていく礎《いしずえ》となっていくに違いありません。

小倉流ルール

杓子定規で人を判断してはいけない

あえて苦手なことを学んでいくことで、人間的に成長していく

自分が苦手だと思うことほど、積極的に学んでいく。それによって人間的にも成長していくものです。

難しいことは自分の身に置き換えて考えてみる

日大三高に来てから私は、生徒たちに社会科の教師として倫理を教えることになりました。それまでは地理を教えていたのですが、倫理を教えたことは一度もありませんでした。できることならほかの先生が教えたほうが、生徒のためになるんじゃないのか——。正直、弱気な気持ちが芽生えていたのです。

そこで私は、こんな考えにいたりました。

「オレの授業を受けて、大学受験に落ちたなんてことになったら、生徒たちに申し訳ない。だったら、まずは倫理を独学で学んで、授業を進めていくことにしよう」

まず、生徒たちに教える倫理の教科書を読破し、次に図書館に行ってソクラテスやカントなど、偉大とされる哲学者の本を借りて読んでみて、徹底的に理解してみようとチャレンジしたのです。

けれども哲学者たちが何を言いたいのか、さっぱりわからない。そこで、「自分の言葉に置き換えて、生徒たちにはわかりやすく伝えていくことにしよう」と方針転換をして授業に臨むことにしました。

たとえば、『ダンマハダ』(「真理の言葉」という意味)の第5章「愚かな人」のなかには、こんな言葉があります。

もしも賢者がみずから愚であると考えれば、すなわち賢者である。愚者でありながら、しかも賢者だと思う者こそ、「愚者」だと言われる。

なんとなく理解できるようで、明確にはわからないような気もします。そこで私は、この言葉を次のようにアレンジして、生徒たちに伝えました。

「この言葉はこういうことなんだ。人間ってのは、自分自身の愚かさを知っているということが素晴らしいことだってことだ。オレは今、野球部の監督を務めているけども、野球のことを100%知っているとは言い切れない。監督としてキャリアをどんなに積んだって、毎日、野球の勉強を選手たちと一緒になってしているんだ。そうした謙虚さを持ち続けるっていうことは、人間が成長していくうえで必要なことだとオレは思う」

そう言うと、「なるほどな」という表情で生徒たちも聞いてくれています。倫理の要諦をつかみつつ、その言葉の意味は自分の身近なことに置き換えて話すほうが、生徒たちの脳裏に刺さるのではないかと思っていたのですが、この教え方はうまくいったようでした。

苦手なことは自分を成長させてくれる

それからしばらくして、倫理の授業をA、Bクラスに編成し、試験の結果で生徒を入れ替えることになりました。Aクラスは出来のいい生徒が学ぶクラスで、倫理の専門の先生が教えることになりました。私はというと、あまり出来のよくない生徒を受け持つBクラスの担当となったのです。私は当初の考えはまったく変えず、一見難しく聞こえる哲学者の語録を、自分の言葉に置き換えてわかりやすく指導していました。

すると、中間試験を終えたあと、倫理の点数がよかった生徒はAクラスに、点数が悪かった生徒たちは私が教えるBクラスへと入れ替わってきたのですが、そのときAクラスから来た生徒たちから、こう言われました。

「Aクラスの先生は専門的な知識はすごいのですが、難し過ぎて今ひとつ理解できないのです。同じ倫理の授業でもわかりやすさで言えば、身近なものにたとえて話してくれる小倉先生のほうが上です」

これを聞いてうれしくなりました。教えていてわかったのですが、倫理には「100％、これが正解である」という答えが存在しないのです。

もちろん、世界の高名な哲学者たちが遺《のこ》した言葉をどうとらえるべきかは重要ですが、数学などのように明確な正解がないだけに、難しく考えようと思えばいくらでも考えられるわけです。

そこで、私は哲学者が遺した数々の言葉を、あくまでも自分の身近なことに置き換えて、生徒たちにわかりやすく伝えることに腐心したのです。

それによって、生徒たちは「よく理解できました」と言ってくれたのですから、私自身、教えた甲斐があったなと思うのと同時に、「人間、苦手だと思うことにも積極果敢にチャレンジすれば、自分自身も成長していく」ということを、倫理を生徒たちに教えたことで学びました。

人間、苦手だと思うことは自然と避けようとしがちですが、「挑戦した先に必ず学ぶものがある」ということを、40歳を過ぎたときに体験したことは、今でも財産となっているのです。

小倉流
ルール

挑戦した先に必ず学ぶものがある

なぜ、プロの世界は無理だと思った選手が活躍できたのか？

目標を高く設定して、そこを目指す。高校球児の場合で言えば、「将来はプロ野球選手になりたい」ということになるのでしょうが、私はそれはそれで構わないと思っています。

もちろん、プロに行くためには高度なスキルが備わっていなければなりませんが、目標を高く設定することで、そこに到達するまでに努力を積み重ねていく。実はこのことが大切なのです。

華奢《きゃしゃ》だった武田勝《まさる》

関東一高、日大三高で多くの選手を見てきて、「コイツは将来、プロの世界から声がかかるだろうな」と感じた選手は、そのほとんどがプロに進みました。87年に春のセンバツで準優勝したときのキャッチャーだった三輪隆《たかし》（明治大学、神戸製鋼、オリックス）、2001年の夏に全国優勝した近藤一樹《かずき》（近鉄、オリックス、ヤクルト。現在は四国アイランドリーグの香川オリーブガイナーズ）もそうでしたし、11年の夏に全国優勝をして明治大学を経て、15年のドラフトで阪神に1位指名された高山俊《しゅん》もそうでした。

それとは反対に、「プロでは無理だろう」と思っていたものの、大学、社会人と進むにつれて大きく成長したのが、関東一高時代の武田勝でした。左腕からオーバーハンドで投げるストレートはキレがあり、大きくドロンと曲がるカーブも彼の武器となりました。彼が高校時代の最上級生のときには、チームのエースでしたが、残念ながら5回戦で世田谷学園に3対5で敗れ、甲子園には縁がありませんでした。

武田が在学中のときには、いろいろな話をしました。彼は名古屋から来ていたので、練習が休みのときには私の車に乗せて、自宅のある千葉の九十九里まで連れて行ったりしたこともあったのですが、そのときに、こんなことを口にしていました。

「将来はプロでやってみたいです」

ただ、当時の武田は体が華奢で、投げるボールも高校生のなかではそこそこのレベルにありました。けれども、今のままではプロの世界でやっていくのは難しいんじゃないかと私は考えていたのです。

「キレのいいストレートとカーブがコントロールよく投げられるからといって、プロの世界では簡単に通用するものではない。大学に行ってもっと自分の体力と技術を磨いてからでも、プロに進むのに遅くはないいんじゃないのか」

そんな話を武田本人にしたこともありました。彼は私のアドバイスを守って大学、社会人と進んで成長していきました。立正大学で厳しい練習を積み、当時の社会人野球の新興チームだったシダックスに進むと、1年目に巨人や日本ハムで活躍した高橋一三《かずみ》さんから投球術を学び、2年目になるとあの野村克也さんが監督に就任して、「シュートとチェンジアップを覚えなさい」とアドバイスされ、それまで以上にピッチングの幅が広がったのです。

彼が実践していた、正しい努力の積み重ね

シダックスに進んでからの武田の活躍ぶりは、私もよく見聞きしていました。高校時代とは比べものにならないほど高いレベルのピッチャーに成長し、「これはプロに進んだら面白いんじゃないのか」と期待していました。

果たして私の予想は的中し、05年のドラフト4巡目で日本ハムから指名を受けました。そして、ルーキーイヤーから先発として一軍で活躍し、引退する16年までの11年

間、通算82勝を挙げて07年、09年、12年の日本ハムのリーグ優勝に貢献したのです。

高校時代、「プロの世界でやっていくのは難しいんじゃないか」と考えていた武田がこれほどまでに成長できたのは、正しい方向の努力を積み重ねていくことができたからです。彼は、試合でどんなに好投しても決して驕ることなく、課題を見つけては黙々と練習に取り組むことのできる選手でした。

実はこれは、簡単にできるようで、なかなかできることではないのです。強豪校と言われる高校と練習試合をして抑えようものなら、どこか有頂天になってしまうようなピッチャーも実際にいます。しかし、武田には「プロ野球選手になること」という非常に高い目標がありました。1試合抑えただけで浮かれてしまうようなこともなく、目の前の課題に対して地道に取り組むことができたからこそ、少しずつ、着実に成長していくことができたのだと考えています。

小倉流ルール

驕ることなく、正しい努力を積み重ねさせていく

プロの世界で通用するためには、高いレベルの努力の継続が欠かせない

ひとつの目標をクリアしたら、次もさらなる高みを目指した目標を設定する。それを繰り返していくことで、一流、さらには超一流へと到達することができるのだと、私は考えています。

高いポテンシャルを持つ高山俊の伸び悩み

プロで通用する選手と言うと、最近だと先述した高山俊が挙げられます。高山は11年夏の全国優勝にも貢献した外野手で、大学に進んでからも結果を出し、晴れてプロへの入団が決まりました。

高山はルーキーイヤーにレギュラーとなり、阪神の球団新人新記録となる136安打を放ち、セ・リーグの新人王を獲得。その後の飛躍も期待されましたが、現在は一軍と二軍を行ったり来たりしていて、伸び悩んでいます。彼は高校時代に甲子園で活

躍した一方、性格的に素直で真面目な選手だったのですが、プロではそうした性格が災いしているのか、もうひとつ殻を破れず、もがき苦しんでいます。

ただし、一度プロの世界に入ってしまえば、高校時代の監督がどうこうできることはありません。オフシーズンに三高に来ることがあれば話を聞いてあげることはできますが、せいぜいその程度です。

高山はショートの後方にポテンと落ちるヒットを打つ一方で、ライト後方に高々と舞い上がるホームランを打つことがあります。高校時代もそうでしたし、プロに入った当初もそうした打球を打っていましたから、当時の金本知憲《ともあき》監督も「高山をホームランバッターに育てる」と決めて、厳しく指導していたのだと思われます。

ただし、1打席目でヒットを打てても、2打席、3打席と打席を重ねるごとに、なんだか気のないスイングで凡退することもありました。彼が2年生のとき、春のセンバツで決勝まで進んで沖縄の興南と対戦したのですが、やはりその兆候が見られたので、試合途中でスパッとほかの選手に代えてしまったこともありました。

プロは実力至上主義の世界です。結果を残せなければユニフォームを脱がなければならない。それだけに現役でいられる間は、とことん練習に励んでレギュラーポジションを奪い取ってほしいと期待しています。

坂倉将吾《しょうご》が教えてくれたコミュニケーションの必要性

また、16年に広島に入団した坂倉将吾も、忘れられない選手の1人です。彼は千葉の八千代中央シニアで全国優勝を成し遂げ、三高の野球部に入部してきました。その頃から、「将来はプロに行きたいです」と発言していました。キャッチャーとして強肩で観察眼に優れ、キャッチングがうまく、ピッチャーのよさを引き出す配球にも目を見張るものがありました。

残念ながら、坂倉が三高に在籍した3年間は、春夏ともに甲子園に出場することができませんでしたが、16年のドラフト会議で広島から4位指名を受け、念願叶ってプロ野球選手になることができたのです。

ただし、プロの本当の勝負はそこからスタートします。プロ野球選手になれた時点で満足しているようでは、間違いなくその後に成功を収めることはできません。ましてやキャッチャーというポジションは、ピッチャーと信頼関係を築き上げていくのはもちろんのこと、チームの全員から信頼されることも必要となるのです。

坂倉へのそうした不安は杞憂《きゆう》に終わりました。二軍で実績を積みながら、入団1年目から一軍の試合に3試合出場し、翌年以降は9試合、51試合、81試合と年々出場する試合数が増えてきました。とくに4年目となった20年シーズンは、打率2割8分7厘、本塁打3本、打点26をマークし、「打てる捕手」としての地位を確立しつつあるところまで成長したのです。

そんな彼がシーズンオフに三高の合宿所に顔を見せたとき、広島の話をいろいろ聞きました。プロの世界の練習の厳しいことや、一軍の試合で結果を残さなければ二軍に落とされてしまうこと。たとえ一軍に上がっても慢心することなく、日々の努力を怠っていないことなど、余すことなく話してくれたのですが、なかでも私が感心したのは、「投手陣と普段からコミュニケーションを取り続けていること」でした。

ピッチャーがどんな球種を持っているのか。ウイニングショットはどれなのか。そうした話をしていくなかで、「坂倉というキャッチャーは、こういう考えを持ったキャッチャーなんですよ」ということを、個々のピッチャーに伝えていくのです。

入団当初は高卒ということもあって、ベテランのピッチャーから子ども扱いされたこともあったかもしれません。けれども彼は、自分の考えというものを、きちんと先輩たちに伝えていくことができるようになりました。そうした日々のコミュニケーションを積み重ねていったことで、ピッチャーから信頼されるようになり、一軍のピッチャーはもちろんのこと、首脳陣からも認めてもらえたのではないでしょうか。

そのうえ、昨年引退した先輩キャッチャーの石原慶幸《よしゆき》さんからは、次のようなことを日頃からアドバイスされていたそうです。

「打たれようが、抑えようが、一喜一憂せずに、常に考えてリードしなさい」

そうした教えを守っていたことも、彼が信頼される要因のひとつとなったことは間違いありません。

一軍で実績を残した先輩ピッチャーたちに、臆することなく普段からいろいろな話をしていることや、先輩の教えを守って試合でリードをしているという話を、坂倉本人から直接聞いたとき、「このまま行けば、広島の正捕手だって夢じゃないぞ」と思ったものです。

広島には16年から18年までのセ・リーグ3連覇に貢献した曾澤翼《あいざわつばさ》選手という、たいへんレベルの高いレギュラーキャッチャーがいます。19年に開催された第2回プレミア12では、レギュラー捕手として日本代表の世界一にも貢献しました。

坂倉にとって、曾澤選手を超えることは容易なことではありません。けれども、彼の野球に真摯に取り組む姿勢を見るにつけ、「一流のプロ野球選手になるには、飽くなき向上心と、先輩からのアドバイスを素直に聞き入れる謙虚な心が大事なことなんだな」ということを、教え子である坂倉の姿勢から学んだ気がしています。
21年のシーズンでは、坂倉は高い打撃力を買われて、キャッチャー以外にファーストでも起用されています。どこのポジションであれ、これまで以上にスケールの大きな選手になってほしいと期待するばかりです。

小倉流ルール

プロでは謙虚さと飽くなき向上心が欠かせない

プロの世界に進めなかった選手に思うこと

高校を卒業してすぐにプロ入りを勧めるべきなのか、あるいは大学を卒業してからのほうがいいのか――。これについては、その高校3年の夏時点での選手の完成度によって違ってきます。

投手と打者、進路のアドバイスの違い

最近で言えば、17年にDeNAにドラフト5位で入団した櫻井周斗《さくらいしゅうと》、19年に西武にドラフト7位で入団した井上広輝《ひろき》といったピッチャーは、高校を卒業してからすぐにプロに行かせました。

2人とも変化球の精度や細かなコントロールなどには課題がありましたが、ピッチャーとしての総合的な能力が高く、「プロの世界で揉まれたほうが、よりスケールの大きなピッチャーになるんじゃないか」という判断をした結果、大学よりもプロの道に進ませたのです。

反対に、13年に立正大からロッテにドラフト2位で入団した吉田裕太や、15年に明治大学から阪神にドラフト1位で入団した高山俊、同じ年に日本ハムにドラフト6位で入団した横尾俊建（現・楽天）、DeNAに18年に立正大からドラフト2位で入団した伊藤裕季也《ゆきや》らは、大学で経験を積んでからプロに行くようにアドバイスしました。

彼ら4人に共通しているのは、「バッターであること」です。高校時代に金属バットを使っていて、いきなりプロの世界に入って木製のバットで勝負させるのは、いささか厳しいかなと見ていたからです。それだけに、大学の4年間で木製のバットの使い方を覚え、経験を積んでからプロ入りさせるのも、決して遠回りではないと判断したのです。

今でも考える、ある選手の進路

その一方で、こんな反省もあります。2001年夏の優勝メンバーで4番を打っていた原島正光《はらしままさみつ》は、当時のプロのスカウトからも注目された逸材でした。この年の夏の甲子園大会では、初戦から決勝戦までの6試合を通じて27打数14安打、3本塁打、10打点と、まさにチームの中軸としての働きを十分に担ってくれたのです。

ただし、原島はインコースを打つのが得意ではありませんでした。それを考えると、「プロ入りさせるのはまだ早いのではないか」、私はそう危惧していたのです。

そこで私は原島本人と話し合い、「東京六大学の強豪・明治大学で技術を磨き上げてからプロを目指すのも遅くないんじゃないのか」と伝えていました。

けれども、原島は大学でも突出した成績を残すことができず、その後に進んだ社会人（日立製作所）でも才能を存分に開花させることなく、ユニフォームを脱ぎました。

正直、私は複雑でした。「高校時点でプロを勧めたほうがよかったのか……」、そう考えたこともありました。

原島の世代は、ほかにもプロから注目された選手がいて、ドラフト7位で近鉄に入団したエースの近藤一樹、三高でリードオフマンとして活躍し、中日から6位指名された都築克幸《つづきかつゆき》、原島とともにクリーンナップを打ち、ヤクルトに4位指名された内田和也、近藤の控えピッチャーで横浜（現・DeNA）から6位指名を受けた千葉英貴《ひでき》と、4人の選手が三高を卒業してからすぐにプロ入りしたのです。

ただし、昨年までプロの第一線でがんばっていた近藤以外の3人は、結果を出すことができず、4年から6年間、在籍しただけでプロの世界から去りました。どんなに甲子園で実績を残したとしてもプロの世界でそのまま通用するとは限らないのはわかっていましたが、手塩にかけて育てた教え子たちが結果を出せないまま退団するという結末を迎えてしまうと、正直寂しい思いがあったのも事実です。

けれども、「プロの世界を経験した」ということは、彼らの人生において間違いなく大きな財産となっています。1球団あたり高校生を4人指名したとしても、12球団で換算すると48人。50人に満たないということは、それだけ選ばれたエリートであるとも言えるのです。

それでもプロの世界では通用しない。高い技術は持ち合わせているはずなのに、プロに入れば自分よりもっと上の選手がゴロゴロいる。

「自分とは比べものにならないほど、もっと上のレベルの選手がいる」ということを知るだけでも、プロに進んだ価値はあると考えています。

原島が、もし高校時代にすぐにドラフトで指名されてプロに進んでいたらどうなったのか、今となっては知る由もありません。けれども、たとえ失敗したとしても何かしら得るものはあったかもしれない――。

そのことを考えたときに、「欠点を克服させてからプロに行かせる」のではなく、「プロに行きたいという意思を尊重して、あえてプロの世界に行かせる」ことも、指導者の務めではないかと、時間が経った今だからこそ思うところがあるのです。

小倉流ルール

選手、指導者、ともに後悔しない進路を模索する

東京で大谷選手や佐々木選手のようなピッチャーが生まれない理由

東京でメジャーリーガーの大谷翔平選手やロッテの佐々木朗希《ろうき》選手のような、類《たぐ》い稀《まれ》なる才能を持ったピッチャーが出てこない理由――。それは、「甲子園出場を懸けた予選を勝ち抜くには、コントロール重視のピッチャーが求められるから」だと私は考えています。

東京は早いうちから実戦経験重視のスタイルが求められる

東京は多くの高校のエースピッチャーが、「9回投げて3点は取られるけど、試合を作ることができる」という特徴を持っています。そのために、アウトコースにストライクとボールの出し入れのできるスライダーを武器として、状況に応じてバッターを打たせたり、あるいは三振を奪ったりするというテクニックも持ち合わせているのです。

こうしたピッチャーは、すでに中学生の頃に投球術が完成されているので、高校に入学して早い段階で対外試合でマウンドを踏み、経験を積ませることができます。そうして1年、2年と過ごし、最後の3年生の夏にはエースとして、チームの大黒柱になっていくというわけです。

そのため、「150キロに迫るストレートを投げられる一方、コントロールがメチャクチャだ」というピッチャーや、「身長が大きくて全身にバネがあるけれども、試合では使いものにならない」といったようなピッチャーを、実戦で使えるように育てていこうとは考えていないのです。

その選手が入学してから3年生になったときのことを考えて育てるのではなく、早いうちから実戦経験を積ませて試合慣れしてもらうことで、いかなる場面でも動じないピッチャーに育てていく。東京の高校のピッチャーを見ていると、そうした特徴を持った選手が多い気がします。

ただし、そこでエースになったからといって、プロ野球、はたまたメジャーリーグで通用するようなピッチャーになるかと言われれば、話は別です。プロ野球で通用するには、何かひとつでも誰にも負けない秀でた特徴があって、そこを伸ばしていった結果、スケールの大きなピッチャーになっていくケースが多いからです。

今、プロ野球の12球団を見渡しても、東京の高校出身のピッチャーで、エースと呼ばれる選手は、残念ながらいないのが実情です。「甲子園に出場すること」と、「スケールの大きなピッチャーを育てる」ことを両立させることが、非常に難しいのが東京の高校出身者と言えるのかもしれません。

もし逸材が入部してきたら……

今、メジャーリーグで活躍しているピッチャーは、ほぼ全員が東京の高校の出身者ではありません。「東京の高校ではメジャーリーグで通用するようなピッチャーは育てられないのか」と言われれば非常に耳の痛い話ですが、三高の場合で言えば、毎年のように甲子園を狙っているチームですので、「入学してから2年後に花が咲けばいい」という育て方ができない、というもどかしさもあります。

ひょっとしたら、将来的に大谷選手や佐々木選手のようなスケールの大きなピッチャーが出てくる可能性はありますが、その場合は高校の時点でピッチャーとしての完成度が低い分、甲子園の出場は難しくなってしまうかもしれません。

もし、そんな選手が三高に入学してきたら、どういう指導をしていけばいいだろうか——。そんな思いも巡らせながら、毎日グラウンドで選手と一緒に汗まみれになっているのです。

小倉流ルール

東京で勝って甲子園に出場できるチームを目指している

甲子園は野球部だけのものではない

仕事に一生懸命打ち込んでいれば、必ず応援してくれる人が現れます。そうした人たちの期待に応えることが、私に課せられた任務（ミッション）のひとつでもあります。

人生には気づきを与えてくれる人たちがいる

三高の監督に赴任後、私には数え切れないほど、たくさんの恩人がいます。

1人目は、私の指導方針を巡って、古参ＯＢに懐疑的な目で見られていたときに助けていただいた、ＯＢの倍賞明《ばいしょうあきら》さん（２０１９年1月に死去）です。女優の倍賞千恵子さんの弟さんであり、倍賞美津子さんのお兄さんにあたる方です。

倍賞さんは、62年の春夏連続で甲子園に「3番・ファースト」として出場。春のセンバツでは決勝まで進出し、作新学院の八木沢《やぎさわ》壮六《そうろく》投手（現・全国野球振興会理事長）を打てずに0対1で敗れました。その後は日本大学、社会人野球の全鐘紡、日産自動車で活躍され、引退後は日産自動車で監督を務められました。

「小倉の野球は三高の野球なんかじゃねえ！」などと古参ＯＢから厳しい声が飛んでいたとき、倍賞さんがたった一言、こう言ってくれたのです。

「小倉君に任せたんですから、温かく見守ってあげようじゃないですか」

そのとたん、ＯＢたちの声がシーンとやみました。倍賞さんより年上ＯＢの方たちも、「そうだな。じゃあ見守ってあげることにするか」というトーンに変わったのです。そのおかげもあり、私は自分が目指す方向の野球に全力で邁進することができました。


2人目は、私を三高野球部の監督に招聘してくださった、飯島生福《せいふく》理事長（当時）。

「小倉君。もう一度、三高の野球部に戻って再建してもらえないだろうか？」

96年の秋、飯島理事長にこう言われました。もともと三高は、1930年に鎌田彦一理事長兼校長が赴任されたと同時に、野球部の強化にも注力してこられ、全国レベルの力を保持するまでにいたりました。その後も歴代の理事長は野球部の動向に注目され、飯島理事長も野球部がなかなか結果を出せずに低迷している様子を見続けるのは、たまらなく悔しかったそうなのです。私が三高の野球部の監督に就任してほどなくして、理事長からこんな質問を受けました。

「小倉君、今の三高と君がこれまでいた関東一高と試合をしたら、どんな結果になると思うかね？」

私は遠慮なく、「関東一高に2ケタ得点を奪われて、三高が一方的に負けると思いますよ」と答えました。

飯島理事長は、「えっ、そんなことになるのか⁉」とたいそう驚かれた様子でしたが、それを証明するために、三高のグラウンドで関東一高と練習試合を行ないました。すると、私の予想通り関東一高のワンサイドの試合となり、三高はあっけなく負けたのです。

飯島理事長はこのときの試合を、バックネット裏のスタンドから観戦していました。試合が終わると、ツカツカと私のところにやって来ました。

「小倉君、あなたの予想通りの結果になった。だが、どうして両校にこれほどまでの差がつくと思ったんだ？」

そう聞かれたので、私は「それでしたら合宿所で説明しましょう」と話し、三高と関東一高の体格のいい選手をそれぞれ1名ずつ呼んで、合宿所内の一室でスライディングパンツ1枚の姿になってもらいました。

すると、関東一高の選手は上半身、下半身ともに均整のとれたたくましい肉体だったのに対し、三高の選手は下半身は発達しているものの、上半身はそれに反比例するかのように脆弱《ぜいじゃく》だったことが、誰の目から見ても明らかでした。

「小倉君、この違いはどこから来ているんだ？」

私はすぐさま、「ウエイトトレーニングをやっているかどうかの違いですね」と返答しました。三高もたしかに室内練習場にウエイトトレーニングの器具がそろっていたものの、実際にはそれを使用していないと、監督に就任した直後に選手たちからも聞いていました。その結果、上半身と下半身がアンバランスとなり、野球に必要な筋肉が正しくつけられずにいたのです。

実は、このことを指摘していた人がもう1人いました。三高野球部の大先輩で、広島、西武、ダイエー（現・ソフトバンク）の監督を歴任し、2001年に野球殿堂入りした根本陸夫《りくお》さんです。根本さんは高校生の選手を見ては、「高校生は下半身周りは立派だけれども、上半身があまりにも細過ぎる」と嘆いておられました。

前の項（177ページ）でお話しした通り、私は池田が全国制覇した82年に、ウエイトトレーニングの必要性に気づいていましたが、根本さんは西武時代、ユニフォームを脱いで管理部長として全国を回ってスカウティング活動をしていたときに、私と同様のことを感じていたようです。広島、西武、ダイエーと、行く先々で黄金時代を築くための選手の獲得に熱心だった根本さんの眼力にはただただ頭が下がる思いですが、私が三高の監督に復帰したとき、選手のあまりのひ弱さに、私は時間をかけてでも強化していくんだと心に決めていました。

「小倉君、ウエイトトレーニングをやったら、ウチの選手たちは変わるかね?」

飯島理事長は自信なさげな表情をしていましたが、私は自信を持って答えました。

「心配いりません。1か月、2か月と続けていくうちに、選手の体格は変わっていきます。今の3年生だけでなく、新入生として入部してから3年間、継続して行なえばもっともっと変わりますよ」

そう言うと飯島理事長は、「そうか。だったらあとのことは君に任せよう」と安心した表情に変わりました。こうしたプロセスを経て、三高の選手の体つきは徐々にたくましくなっていき、それから4年後の01年夏に全国制覇を成し遂げることができたのです。飯島理事長の心の底から喜んでいた姿が、今でも印象に残っています。

甲子園への夢は、学校の夢でもある

ここに挙げた方以外にも、恩人はまだまだいます。夏の西東京予選前になると、選手にまい泉のカツサンドを差し入れしてくれる理事、選手たちの授業中の様子を逐一報告してくれる教科担当の先生方、選手たちの担任の先生——。いろいろな人が、野球部、そして私と交流を持ってくださっています。

私は野球部を強くしたとき、あるいは甲子園に出場したときに、誰が喜ぶのか考えてみたことがあります。選手本人はもちろん喜ぶでしょうし、選手の親御さんだってわが子の晴れ姿が見られることに喜びを感じてくれるでしょう。でも喜んでくれるのは、そうした人たちだけではない。学校の人たちだって、同じように喜んでくれるのです。

つまり、甲子園とは野球部にまつわる人だけのものではなく、学校に携わるすべてのものである。だからこそ、みんなで喜びを共有することができることを忘れずに、同時に多くの人が温かく見守ってくださることに感謝の気持ちを持ちながら、私は日々の指導にあたっています。

小倉流ルール

学校が一体となって夢に向かっていくことを忘れない

努力し続けたプロセスは、後々の人生で必ず役に立つ

思い描いた通りの結果が得られなくても、一生懸命やり抜いたことが、後々の人生の財産となる。このことは甲子園に出場した、しないにかかわらず、三高の野球部に入部してくれたすべての選手に必ず伝えるようにしています。

「一生懸命」は誰でもできる

どんなに一生懸命練習しても、甲子園に届かないことはあります。だからといって、甲子園に出場するために積み重ねてきた練習がムダだった……なんていうことはないのです。レギュラーになれた選手は、そのポジションを維持するための苦しみを味わう。また、ベンチ入りのメンバーから外れてしまったメンバーは、計り知れないショックと挫折を味わう。そして、予選で負けてしまった選手たちは、甲子園に出場できなかった悲しみと無念さを味わう。このすべてを、のちの人生の糧にすればいいのです

し、そうして人は成長していくものだと私は考えています。

三高の野球部員は、全員が大学に進んでも野球を続けていて、よく大学の指導者からこんなことを言われるのです。

「三高の選手がいると、チームの雰囲気が変わるんですよ」

聞けば、野球の技術がある、ないにかかわらず、ノックなどで誰よりも大きな声を出して盛り上げてくれるというのです。それがチーム全体の活気へとつながり、一体感も出てくるということでした。

昨年はコロナ禍で、スポーツをやっていた高校生の進路にひと苦労したという話をよく耳にしましたが、こと三高の野球部については、まったくと言っていいほどその影響はありませんでした。ある大学の監督は、こうおっしゃってくれました。

「コロナとか関係なく、三高の選手の評価は変わることがありませんから、またいつもの年のように採《と》らせてもらいますよ」

「将来の糧」を身につける

こうした高評価になるのも、やはり「野球に一生懸命、取り組む姿勢」があるからです。一生懸命、真剣に野球に取り組むことは、レギュラーや控え、あるいは野球のうまい、下手にかかわらず、誰しもが実践できることです。

たしかに、公式戦のメンバーを決めるときには技術の高い選手を評価しますが、だからといって、技術の劣る選手を私は「ダメだった」とは絶対に言いません。

最後の夏にユニフォームを着させられなかった選手を私は必ず呼んで、1対1になってこんな話をします。

「お前さんには悪いことをしたな。もっと技術を伸ばせるかと思っていたけど、この夏までには間に合わなかった。でもな、大学でも野球をやるんだろう？　だったら最後の最後まで一緒になってグラウンドで汗をかこうじゃないか。お前さんの持っている元気ではつらつとした姿は、間違いなく大学の野球部で重宝されるぞ」

実際、そうした評価となっているのです。大学野球の監督にもこう言います。

「あの子は高校のときにユニフォームを着させることができなかったんですよ」

すると、「そんなことは関係ないですよ。彼はグラウンドを離れたところでも、他人に対して非常に気をつかえる男なんです。私が監督である限り、どこかで必ず起用しますよ」と言ってくれて、その後ベンチ入りを果たしたという選手もいました。

大学を卒業してから、その選手が三高にやって来てくれたときの言葉が印象的でした。

「本当は高校最後の夏にユニフォームが着られなかったときに、『もう野球をやめてしまおう』と思っていたのです。でも監督さんと話してから、大学まで野球を続けてみようという気持ちに変わりました。その結果、大学では公式戦でベンチ入りすることができたので、今では本当に監督さんに感謝しています」

私は甲子園で頂点に立つ喜びを2度経験しましたが、同時に負けることの悔しさや無念さもたくさん味わってきました。それを挫折ととらえることもあるでしょうが、将来への糧ともとらえることができる――。

大切なのは、選手1人ひとりが、生きていくうえで何事にも一生懸命で真摯に向き合っていく力を養わせること。そのためにも、監督である指導者が、レギュラー、控えと問わずに、選手のことを日頃から見守ってあげることが必要なのではないか、私はそう思っているのです。

小倉流ルール

何事にも一生懸命で真摯に向き合っていく力を養わせる

合宿所内に飾られている、選手たちとの強固な絆で勝ち取ってきた栄光の証の数々

最終章

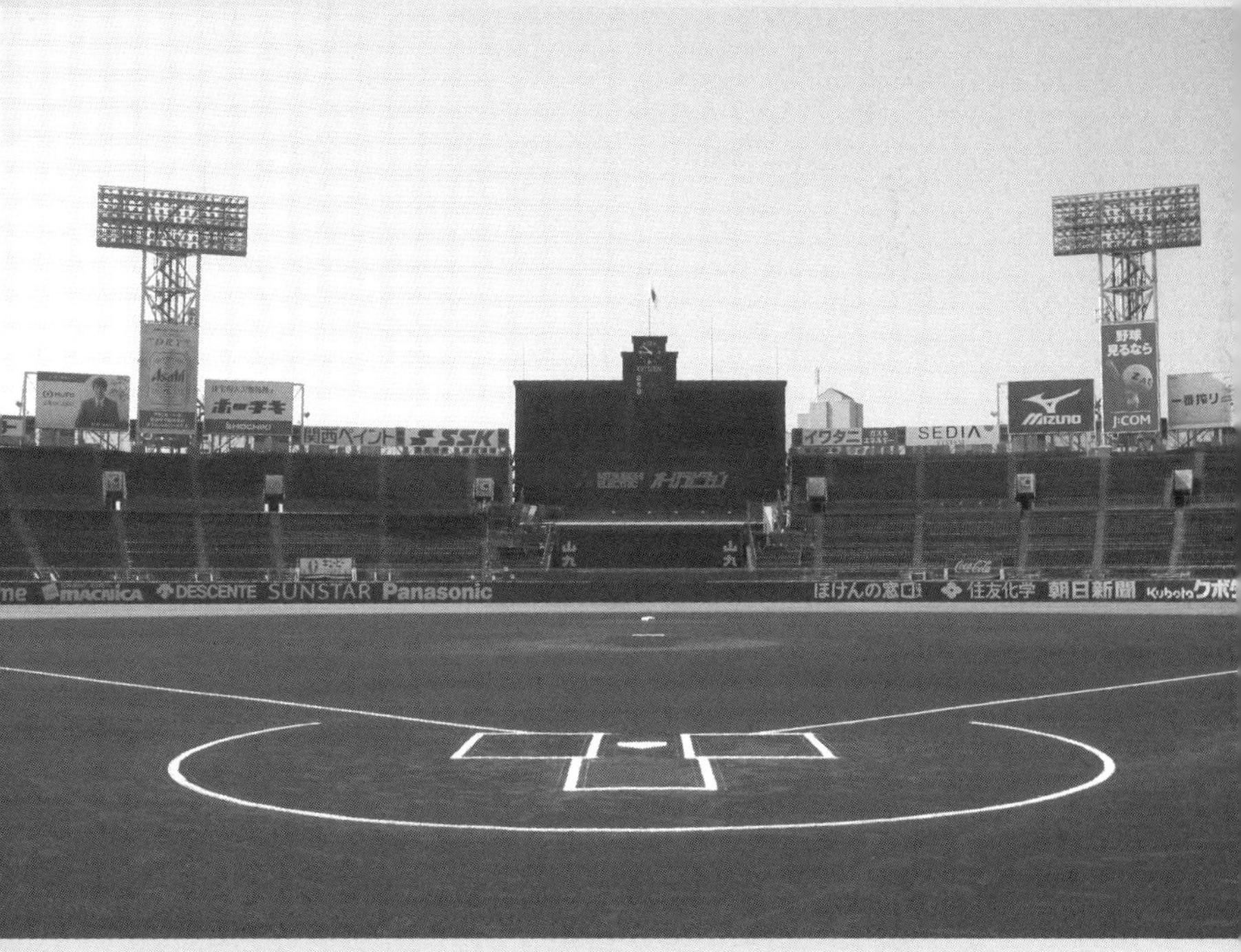

人は人から学んでいく

～私が対戦した「名将」から教わったこと～

練習試合で「また対戦したい学校」と「二度と対戦したくない学校」

36年以上の監督人生を通じて、数多くの学校と公式戦や練習試合を戦ってきました。そこでこの章では、深く感銘を受けたエピソード、あるいは反面教師としてとらえさせていただいたことなどについて、お話しします。

これまでの私の高校野球の監督という経験のなかで、「私のほうからお願いしてでも対戦したい学校」と「二度と対戦したくない学校」というのは、確実に存在しています。

「私のほうからお願いしてでも対戦したい学校」は、元気はつらつとして、マナーのいい学校です。これまでに甲子園に出場したことがある・なし、もしくは強豪の私立校なのか公立校なのかはいっさい関係ありません。

グラウンドに出たらキビキビと動き、きちんと挨拶ができる。そして、試合中もよく声を出して、たとえ劣勢でも最後まであきらめずに、一生懸命、必死になってプレーする。本来であれば、このことは野球がうまいかそうでないかにかかわらず、誰にでもできることのはずですが、おろそかになってしまう学校も意外と多いものです。

なかでも私が、「何度も練習試合をお願いしたい」と思える学校は、千葉の志学館《しがくかん》です。千葉県木更津市にある私立校で、ここの選手はグラウンド上で活気よく声を出して、いつ試合をしてもパワーをもらって帰るのです。

チームを指揮していた川保幸一《かわまたこういち》監督は、私の日大三高時代の後輩であり、小枝さんの下で一緒にコーチを務めていた間柄です。三高を離れてからは、拓大紅陵に進んだ小枝さんの下で野球部の部長を務め、84年春夏、86年春夏の合計4回、甲子園の出場を果たしました。

その後、志学館の監督となり、94年夏の甲子園に出場しています。青山学院大学から96年のドラフト1位で広島に指名された澤崎俊和《さわざきとしかず》投手は彼の高校時代の教え子で、ルーキーイヤーの97年には新人王を獲得するほどの選手を輩出したことでも知られています。

川俣監督は、どんなに劣勢になってもあきらめないで食らいついていく野球を、選手全員に浸透させています。練習試合でどんなにこちらが大量得点でリードしていても、終盤になると四死球や連打などで3点、4点を返され、「ここでひっくり返されるんじゃないか」と、ヒヤヒヤしながら采配をふるったこともありました。

高校野球で大切なのは、「何が何でも勝とう」という強い気持ちもさることながら、どんなに劣勢でも、試合をあきらめない姿勢を最後まで見せることです。志学館は対戦するたびに必ずこの2つを見せてくれるので、毎年のように練習試合を申し込んでいました。川俣監督は19年夏に監督を退任されましたが、後任の久保山政志監督も川俣監督のかつての教え子ですから、彼のスピリッツを受け継いでいるものと信じています。

反対に、二度と対戦したくない学校というのは、マナーの悪い学校、覇気の感じられない学校はもちろんのこと、「チームの士気を下げる学校」も問題視しています。

あえて学校名は伏せますが、問題の学校と練習試合をやったときのことでした。相手の攻撃でワンアウト一塁という場面でランナーが盗塁をした際、セカンドベース上でタッチアウトになったのです。すると、アウトになった選手を、その学校の監督がベンチ前に立たせ、叱りました。

「なんであんな弱々しいスライディングをしたんだ！　もっと激しくいかなきゃダメ

な場面だろうが！」

そして、次のイニングの守備機会からその選手を交代させて、あろうことか試合中に延々とベンチ前でスライディングの練習をさせていたのです。あたかも、「ウチのチームは試合で失敗すると、こうした練習を繰り返しさせますよ」と見せつけられているかのようでしたが、私にしてみれば、選手の士気は下がれども、上がるようなペナルティではないなと、正直スライディングをさせられている選手が気の毒に思えてきたのです。

攻守が入れ替わり、イニングが進んでいってもひたすらスライディング練習を続けさせていました。次第に三高の選手からも、「いい加減、やめさせてあげないとかわいそうですよね」などと心配する言葉が口をついてくる有り様で、結局、最終回を迎えるまでの1時間弱、延々とスライディングの練習が続けられたのです。

こうしたことは、何もスライディングだけに限りません。バッティングや守備で選手が何かミスをしたときには、必ずと言っていいほどその監督は選手を叱責し、グラウンド上で何らかのペナルティをこなすように指示をしていました。私はそうしたやり方をよしとはしていなかったので、この監督を反面教師としてとらえていたのですが、あまりにも幻滅することが多かったので、結局、練習試合そのものをお断りするようになったのです。
この学校は甲子園に何度も出場しています。輝かしい実績を残されていたこともあり、これまでにも数年の間は練習試合を行なっていましたが、「選手がやる気をなくすようなペナルティの与え方」しか学ぶものがなくては、試合をする意味がありません。

実力のあるなしにかかわらず、「三高の選手にとっても学ぶことが多いチーム」と練習試合を行なうことは大きな意義があります。反対に、選手の士気を下げるようなチームだと、どんなに強豪と言われるチームでも絶対に試合を組みません。この方針を今後も貫いていくことが、選手の心・技・体を成長させるうえでも重要なことだと考えているのです。

甲子園の名将から授かった「ある格言」

私より経験と実績のある、年上の監督から学ばせていただいたことは、これまでに数多くありました。とくに私自身が経験の浅い20代のうちに、2人のベテラン監督に教えていただいたことは、今でも大きな財産となっています。

関東一高の監督に就任した当初で言えば、愛知県の中京（現・中京大中京）の杉浦藤文《ふじふみ》監督に教えていただいたことは、今でも脳裏に深く刻み込まれています。

杉浦監督は、選手として59年春のセンバツで優勝。監督としても、66年に当時史上2校目となる甲子園での春夏連覇を達成（当時の校名はいずれも中京商業）。甲子園の通算成績は29勝11敗と、高校野球を長く見続けているファンにはおなじみの名将です。

当時、監督就任1年目と若く、まだ実績のかけらさえなかった私は、中京とダブルヘッダーを行ない、2試合ともワンサイドで中京の連勝に終わりました。守れば連打や四死球、はたまたエラーも連発し、打ってはいいところがなく沈黙。中京に負けなかったことと言えば、声を出していたことくらいだったと記憶しています。

けれども、試合ではあまりにもみじめな負けっぷりだったので、試合が終わったあと杉浦監督のところに、「あまりの不甲斐ない試合になってしまって、申し訳ありませんでした」とお詫びの挨拶に行くと、杉浦監督はこうおっしゃってくれたのです。

「小倉さん、選手たちが見ている前で、相手の監督に頭を下げるようなことをしてはいけないですよ。あなたたちは堂々と戦って負けた。胸を張って前を向いていればいいんです」

この言葉には勇気づけられたのと同時に、あまりの大敗に内心しょげていた私自身に喝を入れられたようでした。さらに杉浦監督は続けてこうおっしゃったのです。

「私も監督、小倉さんも監督なんです。お互い対等の関係であり続けましょう」

たとえ年上であっても、監督という役職に就いているのであれば、臆することなく堂々とした振る舞いをする。私自身、目からうろこが落ちる思いでした。

もちろん人生の、そして監督として大先輩なわけですから、その点については最大限の敬意を払います。けれども、**いったんグラウンドに立ってしまえば、対等な関係**

でなければならないという杉浦監督の考えは、私の監督としての立ち居振る舞いに大きな影響を与えました。

経験の浅い若い監督が指揮するチームが大敗したとき、私のところに「不甲斐ない試合になってしまって申し訳ありません」と頭を下げに来ると、私は「そういうのは不要ですよ。お互い監督なんですから、対等にいきましょう」と話し、杉浦先生の教えを今でも実践するようにしています。

2人目は、池田の蔦文也《つたふみや》監督です。蔦監督は1982年夏、83年春の連覇を筆頭に、甲子園での優勝3回、準優勝2回の記録を残した名将です。

蔦監督とは87年のセンバツの準決勝で対戦し、このときは関東一高が7対4で勝ったのですが、試合が終わってから甲子園球場の通路で蔦監督とお会いしました。

「小倉君、これからは各学校から招待試合の申し込みが多くなるだろうけど、ピッチャーを酷使するような状況だけは作り出すんじゃないぞ」

襟《えり》を正して聞いていると、最後にこう言ったのです。

「余計なところで、ピッチャーの負担をかけさせるんじゃないぞ」

この話を聞いたとき、私は蔦監督の話を理解したつもりでいました。結果的にこの大会では準優勝できたわけですから、いろいろな学校からの練習試合の申し込みは増えるでしょうが、それでも当時のエースだった平子浩之《ひらこ》を使い減りするような状況だけは作らせまいと、彼を全力で守る気でいたのです。

ところが、アクシデントが突然やってきました。春の関東大会の決勝で栃木の宇都宮南と対戦したときのこと。相手のエースは高村祐《たかむらひろし》投手。前年（86年）のセンバツで2年生ながら準優勝し、のちにプロ野球の近鉄で活躍した速球派のピッチャーです。

試合は関東一高が2対3で負けていた最終回、ワンアウトランナー一塁という場面で、ピッチャーの平子に打席が回ってきたのです。私は平子に送りバントのサインを出して、ツーアウトランナー二塁として次のバッターとの勝負にかける……というシチュエーションを描いていたのです。

ところが、平子はインコースの体付近に投げられたボールを避け切れずにデッドボール。結局、試合にはそのまま負けたのですが、それ以上に大きかったのが、平子のデッドボールによるケガでした。ボールの当たった箇所がピッチングに影響を及ぼしたため、長い間、満足にピッチング練習ができずにいたのです。

このとき、甲子園の通路で交わした蔦監督の言葉がふと脳裏をよぎりました。

「余計なところでピッチャーの負担をかけさせるんじゃないぞ」

野球をやっていた人ならおわかりかと思いますが、普通に構えたときとバントの構えをしたときとでは、同じインコースの体付近にボールを投げられたときでも、避け方が大きく異なります。前者は仮に当たったとしても体を後方にひねって避けるので、当たったダメージが比較的軽くすむ場合もあります。ところが後者の場合は、思うようにボールから避け切ることができないので、ボールの勢いを体の当たった箇所にダイレクトに受けてしまうことが多々あります。まさに、平子はこの状況と相重なってしまったわけです。

私がとるべき作戦は、普通にヒッティングさせ、それでも凡退したらあきらめる。もっと言えば、バッターボックスの離れたところに構えさせて三振させたっていい。それぐらいの覚悟が必要だったのです。

ところがそうはせずに、ダメ元でも得点を取りにいこうとしました。春の関東大会は優勝しても、甲子園の出場に直結した大会ではありません。仮に優勝できたとしても、得られるのはその栄誉だけ。それならば無理にでも優勝しなくてもいい、というところまで、当時の私には思い至らなかったのです。

結局、夏の東東京予選でも思うような力が発揮できずに、ベスト8で修徳に5対12で大敗しました。このときは春のセンバツでベスト8まで進んだ帝京が最大のライバルになると見ていただけに、帝京と対戦する前に敗れたのは、私も含め全員がショックを受けました。けれどもこの経験によって、私は「チームの宝であるエースを守ることができるのは、監督しかいない」というのを心の底から学び取ることができたのです。

2人の名将から学んだ「監督として持ち合わせるべき矜持《きょうじ》」は、今でも私の心に響いています。そして高校野球の現場で選手とともに汗を流す多くの指導者に、語り継いでいかなくてはならない大切な話であると考えています。

高嶋監督と馬淵監督から教わった「準備の大切さ」

甲子園で勝つためには何が必要なのか――。そう聞かれたら、私は迷わず「準備である」と答えます。ここで言う準備とは、試合をベストパフォーマンスで戦うことです。

このことを教わったのが、智辯《ちべん》和歌山の高嶋仁《ひとし》元監督です。高嶋監督は、監督として甲子園最多となる通算68勝を挙げた名将中の名将です。

ある年の甲子園大会前の練習の際、雨が降ってグラウンドがぬかるんでいたときのことです。そこに高嶋監督が選手を引き連れて練習にやって来たとき、私はこう言いました。

「これだけ雨が降ったなかで練習をしたら、ボールがすぐにダメになっちゃいますよ」

「何を言っているんだ小倉君。普段使っている練習用のボール2000球を、学校から運んできたから心配いらんよ」

高嶋監督は涼しげな顔で、そう言ってのけたのです。私は驚きました。遠征で1ケースに50個が入ったボールを40ケースも持ってきている。普通は多くても10ケース程度のことが多いのですが、それ以上の数のボールを持ってくるというのは考えられません。けれども高嶋監督は、そんなことはお構いなしとばかり、普段の練習と同じ量のボールを遠征先である甲子園に運んできていたのです。これにはただただ脱帽するしかありませんでした。

一方で、高嶋監督が用意周到に準備を惜しまなかったのは、過去の苦い体験があるからではないか――。そう考えたりもしました。

高嶋監督は智辯和歌山の監督として87年夏に甲子園の初出場を果たしましたが、その年を含めて4度（88年、91年、92年）、初戦敗退を繰り返していたのです。しかも、すべて1点差での負けだったこともあり、内心は相当悔しい思いをされたに違いありません。

そのとき負けたのは、準備不足だったからではないか。普段の練習と同じ準備をしておけば、甲子園でも勝てたはずだ――。そうした思いにいたったのかもしれません。

その後の智辯和歌山は、93年夏にはじめて甲子園で勝ってベスト8に進出すると、翌94年春のセンバツでは悲願の初優勝を果たすことができました。それからも甲子園に出場し続け、18年に監督を退任するまでに、奈良の智弁学園時代の監督の実績も含め、春夏の優勝回数3回、68もの勝利数を積み重ねることができたのです。

また、明徳義塾の馬淵史郎監督も、試合前の準備を怠らない監督です。馬淵監督と言えば、92年夏の星稜との試合では、あの松井秀喜選手（のちの巨人、ニューヨーク・ヤンキースなど）を5打席連続敬遠し、日本中から賛否両論が飛び交った監督としても有名です。

馬淵監督の準備で私が一目置いているのが「洞察力」、つまり選手を見抜く目です。あれは2001年の夏、三高は明徳義塾と対戦することはなかったのですが、1回戦を勝ち上がったあと、たまたま三高の練習を馬淵監督が見ていました。すると練習終了後、私のところにやって来て、こんなことを言ったのです。

「小倉さん、あのサウスポーいいですね。彼のカーブはバッターが相当、手こずりますよ」

馬淵監督が見ていたのは、エースの近藤ではなく、背番号16をつけていた清代渉平《きよしろしょうへい》でした。たしかに、彼が投げる大きく割れるカーブには、三高のクリーンナップを打っていた選手たちも手こずっていたのです。

ただし、清代は西東京予選でもわずかに1試合しか登板させておらず、過度な期待はしていませんでしたし、エースの近藤に次に対戦する花咲徳栄《はなさきとくはる》との試合を託すつもりでいました。

ところが、その試合で近藤は序盤から打たれ続けました。花咲徳栄に初回に2点を先制されると、2回にも2点を奪われ、3回を終わって5対4で三高がかろうじて1点リードしている展開でした。そして、続く4回も近藤はヒットを打たれ、この時点で9安打を浴びる有り様。花咲徳栄の岩井隆監督は、近藤対策を相当練ってきたことが、この試合を通じて想像できました。

このままだと近藤は9回まで持たない……そう思ったとき、ふと馬淵監督の言葉が脳裏をよぎったのです。私は迷わず球審に「清代」の名前を告げました。

すると、あれだけ近藤に対して強気に攻めていた花咲徳栄打線が急に沈黙し、清代から得点を奪えそうな気配がなくなったのです。カーブにまったくタイミングが合わず、そのカーブに狙いを定めたらストレートを投げて凡打の山を築く。結局、清代はそのまま最後まで投げ切り、被安打3、9奪三振の好投で、終わってみれば11対4で大勝しました。

おそらく岩井監督は、西東京予選のほぼすべての試合で投げていた近藤を丸裸にすることには成功したものの、清代についてのデータはまったくなかったのではないでしょうか。

今振り返ると、清代の登板を私に決意させたのは、馬淵監督の「あのサウスポーいいですね」の一言が脳裏に残っていたからです。もし馬淵監督の言葉を聞いていなければ、私は花咲徳栄高との試合は近藤と心中していたのかもしれません。

それだけに、馬淵監督からは準備の大切さ、すなわち「選手のことをよく観察しておくことの重要性」を学ぶことができました。

大舞台で勝つために必要とする選手とは？

甲子園や世界大会など、大舞台で勝つために必要な選手とは――。あえて言うならば、「泥臭いプレーのできる選手」「大舞台にも動じない、強い心を持った選手」の2つを挙げます。

関東一高の監督になって2年目に、東洋大姫路と練習試合を行なったときのことです。私はランナーが出ればとにかく打たせ続けました。一方、相手の梅谷馨《うめたにかおる》監督は、ランナーが出ればすぐに送りバントを決めさせ、そしてランナーが三塁まで進むと強打ではなく、スクイズばかり仕掛けてきたのです。結局、試合は1点差で東洋大姫路が逃げ切って勝ったのですが、試合後に東洋大姫路の梅谷監督に呼ばれると、こんな話をされました。

「小倉君、関東の学校はかっこいい野球をしようとするけど、関西は泥臭い野球をするんだ」

梅谷監督は、77年夏の甲子園で、松本正志《しょうじ》投手を率いて同校を初優勝に導きました。梅谷監督は、この年阪急にドラフト1位で指名された松本投手をはじめ、豊田次郎、長谷川滋利《しげとし》（いずれものちにオリックス）といった好投手を育てて、守り抜いて勝つチームを作り上げることに定評がありました。

そこには梅谷監督が目標とした、同じ兵庫の「打倒・報徳学園」というのが念頭にあったからです。報徳を倒さなければ甲子園には行けない――。その思いを堅実に攻撃していくことにつなげていったのです。

今の野球は、どちらかと言うと強打を前面に出した学校が多く、たとえば大阪桐蔭や東海大相模といった強豪校は、チャンスの場面でタイムリーヒットを打つ場面が多く見られます。けれども18年夏の甲子園で、金足農業が9回裏ノーアウト満塁の場面で2ランスクイズを決めて近江を破ったシーンに象徴されるように、大事な場面で効果を発揮する作戦として、バントは今でも広く使われています。**強打とバントを巧みに使い分けて攻撃を仕掛けていくことも、全国を勝ち抜くには必要であると、梅谷監督の言葉から学び取りました。**

そして、12年に私が世界選手権大会の日本代表監督を務めたとき、**当時横浜の監督だった渡辺元智さんからは、国際試合で通用する選手について、教えていただいたことがあります。それは、「うまい選手ではなく、気持ちの強い選手であること」でした。**

当時の日本代表には、花巻東の大谷翔平（現・ロサンゼルス・エンゼルス）、大阪桐蔭の藤浪晋太郎（現・阪神）、森友哉（現・西武）、八戸学院光星の北条《ほうじょう》史也《ふみや》（現・阪神）、田村龍弘《たつひろ》（現・ロッテ）ら、今やメジャーや日本のプロ野球で活躍する才能豊かな選手たちが集まっていました。

ところが、結果は残念なものになってしまいました。第1ラウンドは2位通過をしたものの、第2ラウンドでコロンビア、アメリカに負けて5・6位決定戦に回り、迎えた韓国戦では1点も奪えずに0対3の完封負けで、6位という結果に終わったのです。

このとき、日本代表に帯同していただいた渡辺さんが、こんなことを言っていました。

「世界でトップクラスの選手が集う大会になったら、技術の高い、うまい選手はいらないんです。技術が高いだけではなく、ハートの強い選手が集まっているチームは強い。メンタルが大切なんです」

たしかにそうだなと思いました。日本代表チームは春と夏の甲子園で活躍した選手を中心に集めるのですが、大事な場面でエラーをする選手、チャンスの場面で凡打を繰り返す選手など、世界各国の選手と比べると、ここ一番で能力を発揮できずに終わってしまったのです。

甲子園ではあれだけ活躍していたにもかかわらず、国際大会ではじめて対戦するバッターやピッチャーには思い切って攻めることができなかった——。そう考えると、「気持ちの部分は大切になるな」と采配を振るっていて実感したのです。

渡辺さんは、松坂大輔投手を擁して98年の甲子園で春夏連覇を果たしたのを筆頭に、春3度、夏2度甲子園を制している一方、甲子園に出場してもなかなか勝てずにいた時期もありました。それだけに、「大舞台で活躍する選手の見抜き方」というのも、選手選びのポイントに挙げられていたのだと思います。

梅谷監督がおっしゃっていた「泥臭いプレーのできる選手」、渡辺さんがおっしゃっていた「大舞台にも動じない、強い心を持った選手」は、三高の選手たちをそうやって育てていきたい——。そんな願いを持ちながら、今日も選手たちと一緒にグラウンドで汗を流しています。

帝京の前田監督に勝つことを目標にしてきた

同じ東京で私がもっともライバル視していた監督と言えば、帝京の前田三夫監督の名前が真っ先に挙がります。

前田監督は帝京の監督に就任してから50年近くが経ち、甲子園に春夏合わせて26回、優勝3回、甲子園通算勝利数51勝（21年6月現在）と、全国を代表する名将です。関東一高の監督に就任した当初から、私は「打倒・帝京」「打倒・前田監督」を掲げて、選手たちの指導にあたっていました。選手の質は明らかに帝京のほうが上でしたが、甲子園に出場するには帝京の壁を超えるしかない、そう思って必死だったのです。はじめて帝京と公式戦で対戦したのは、83年夏の東東京予選の決勝戦。勝てばはじめての甲子園が決まるという一戦でしたが、結果は2対3の1点差負け。ただただ悔しさだけが残りました。

そして、85年春の春季東京大会の決勝でも対戦したのですがそこでも負けてしまい、その年の夏の東東京予選の決勝で帝京と3度対戦することになったのです。この前夜、寮の食堂で夕食を食べていたとき、選手の1人がこう言いました。

「監督！　帝京の前田監督がニュースに出てますよ」

私は選手たちと一緒に箸を休めてテレビを見ていると、次の言葉はまるで勝利宣言をしているかのように聞こえたのです。

「関東一高さんには申し訳ないけど、甲子園はウチが行きますから」

この年の春のセンバツで帝京は準優勝をしていましたから、「こんなところで負けるはずがない」と前田監督が内心思っていたことが、口をついてしまったのかもしれません。

けれども、ウチの選手たちは違いました。このインタビューを見た直後です。

「監督！　明日は絶対勝ちましょう」

「そうだ！　絶対に勝つしかないですよ！」

口々に言う選手を前に、私も燃えるものがありました。

「ようし、絶対に勝つぞ！」

そうして臨んだ翌日の決勝戦。2回までに関東一高が4点を取ったものの、その後は帝京が3点を返して1点差で試合が進んだ8回、関東一高が一挙に8点を奪って、見事に甲子園の初出場を果たしたのです。目標としていた〝帝京超え〟をはじめて成し遂げ、私は夢見心地でいました。

ただし、帝京に一度勝っただけで実力が完全に上回ったなどとは考えていませんでしたし、前田監督を超えたなどとは未だに思っていません。それは、三高の監督として24年以上経過した今でも同じ気持ちで、帝京と対戦するときにはいつも胸を借りるつもりで思い切ってぶつかっています。

その後、前田監督とはいろいろな場面でお会いすることがあり、その人となりを知ることができ、勝負に対する考え方についても教わりました。とくに前田先生のすごさを実感したのは、選手の起用についてです。

私は選手が試合で失敗しても、どこかで挽回するチャンスを与えるのですが、前田監督は走攻守において自分の考えている基準点に達したプレーができないと、それまでレギュラーだった選手であっても控えに回してしまうということがたびたびあったのです。この点は、私にはマネできないと感心していました。

それと同時に、前田監督自身、帝京を強くしていくうえで目標にしていた監督は、「当時の早稲田実業の和田明監督だった」と聞きました。和田監督は27年間の監督人生のなかで、春夏合わせて甲子園に11回出場し、荒木大輔投手を擁して80年夏から82年夏まで、5季連続の甲子園出場を果たしました。

そうしたなか、帝京は甲子園を懸けた戦いで何度も早実に敗れ、そのたびに猛練習をして追い越し、追い越せとしのぎを削ってきました。その結果がのちの帝京の強さにつながっていったのです。このとき、**「ライバル校を目標に持つことの大切さ」を、前田監督から教えられた気がしています。**

19年の秋の東京大会のベスト8で、東京オリンピック後に取り壊されることになった神宮第二球場で、帝京と対戦しました。長年、帝京と死力を尽くして戦ってきた第二球場で、最後にまた前田監督のチームと戦うことができる。正直、これも何かの縁かなと感じました。

結果は1対2で帝京が勝ちましたが、お互い監督であり続ける限り、好勝負を繰り広げていこうと思っています。

木内監督の言葉に高校野球のすべてがつまっている

甲子園に出場することを喜んでくれるのは、選手やその関係者だけではありません。学校全体が喜んでくれることも、私は大事なのではないかと思っているのです。

私と同じ考えでいてくれたのは、茨城の取手《とりで》二高《にこう》、常総学院で甲子園優勝に導いた木内幸男《ゆきお》監督です。

木内監督は、全国的にまったくの無名だった取手二高を甲子園に導き、84年夏の甲子園の決勝では、あの桑田真澄（のちの巨人、ピッツバーグ・パイレーツなど）、清原和博（のちの西武、巨人など）の〝KKコンビ〟を擁したPL学園を、延長の末8対4で破り、悲願の日本一を達成。その後、常総学院に移っても、春夏合わせて甲子園の優勝2回、準優勝1回、甲子園の通算勝利数40勝と、素晴らしい成績を残されました。

また、木内監督はその手腕を、「木内マジック」と評されていました。甲子園の大舞台で、KKコンビだけでなく、尽誠《じんせい》学園の伊良部秀輝《いらぶひでき》（のちのロッテ、ニューヨーク・ヤンキース、阪神など）、関西創価の野間口《のまぐち》貴彦（のちの巨人）、東北のダルビッシュ有（現・ミネソタ・ツインズ）といった、のちにプロに上位指名されるような好投手と対戦しては撃破していました。

まぐれや偶然だけで、このような高いレベルの選手に打ち勝つことなどできません。それだけに、「木内マジック」とはいったい何なのか、その正体を知りたいと思って、練習試合を通じて学ばせてもらいました。そこでわかったことは、**「相手の動きを読みながら、臨機応変に対応していく野球」を貫いていた**ことでした。

たとえばピッチャーの起用について。先発で本格派のオーバースローのピッチャーが投げていたかと思えば、試合の中盤にはすぱっと右のアンダースローのピッチャーに交代させ、終盤には左のサイドスローのピッチャーを登板させる。タイプの違うピッチャーを次々と登板させることで、相手バッターのタイミングを狂わせていたのです。

また攻撃にしても、相手の守備陣形を見て、ヒットエンドランやバスターエンドランなどの策を講じて、どうにか自分たちに有利な局面に持っていこうとする。私自身、思いもよらないところでピッチャーの交代、あるいはバントだと思った場面で強攻策を敷かれてきて、木内監督の采配には何度も驚かされるところがありました。私はこのときの練習試合を通じて、木内マジックの本質を見た気がしました。

一方で、夏の大会に対する選手のモチベーションの高め方については、前の項（17ページ）でもお話ししましたが、私と似た考えを持っておられました。

ある年の夏の茨城予選で、レギュラーの選手がベンチに戻ってくるなり、「こんな暑いなかで、野球なんてやってられないよ」と言ったのを聞き逃さなかった木内監督は、なんと、次の回からその選手を交代させてしまったというのです。レギュラー選手の突然の交代に球場はざわついたそうですが、結局その試合を常総学院は落とし、夏の甲子園出場を逃してしまったのです。

その試合終了後、メディアに囲まれて試合の敗因を木内監督は聞かれ、こう答えました。

「3年生にとって大事な最後の夏に、気持ちを盛り上げられなかった選手がいた。これは私に責任があります。以上です！」

そう言ってその場を離れてしまい、大勢のメディアの関係者が呆気《あっけ》にとられていた、という話も聞きました。選手の盛り上げ方も含め、木内監督は高校野球の本質を十分過ぎるほど熟知されていたのです。

そうしたなか、私が木内監督からもっとも深く感銘を受けた言葉があります。

「小倉君、学校全体が『甲子園に行ってほしい』と応援し、盛り上げてくれるような野球部を作らなくちゃいけないよ」

私はこの言葉を聞いて、「その通り」だと思いました。

選手自身が「ただ野球がうまければいい」「野球さえできていればいい」という考え方では、野球部を離れた学校生活での振る舞いもいい加減なものになってしまいがちです。**クラスメートとも仲良くして、先生方からも好かれるような野球部員でいること。そうすることで、みんなから「野球部の人たちががんばっているんだから、応援してあげよう」という雰囲気になっていく**というわけです。

このことは、私自身も関東一高で甲子園に初出場したときに学びました。85年夏、東東京予選で帝京を破ってはじめての甲子園出場を決めた瞬間、関東一高の職員室では、先生同士が抱き合って喜んでいたというのです。私たちがその日の夕方に学校に戻ってきたときのことです。

「この学校にいる限り、甲子園に行けるなんて夢のまた夢だと思っていました。本当にありがとう！」

そう言いながら、涙を流して私に握手を求めてくる年配の先生もいました。ちょうど学校が創立してから60年を超えたタイミングでの甲子園出場を、学校中で盛り上げ、お祝いムードを作ってくれたのです。そうした期待を感謝の気持ちに変えたことが、甲子園初出場でのベスト8進出につながったのだと思います。

このことは、三高に来てからも同じです。私は日頃から選手たちには、こう呼びかけています。

「みんなから応援されるような野球部を作っていこうな」

その言葉に応えてくれるかのように、選手たちはグラウンドで汗を流し、学校生活ではクラスメートと仲良くやってくれている。「いつも応援してくれてありがとう」と、周囲の人たちに感謝の気持ちを持ち続けることで、野球部を応援してもらえるのだと、私自身も実感しています。

木内監督は昨年（20年）11月にお亡くなりになりましたが、試合を通じて学んだこと、私にかけてくれた言葉を宝物にして、これからもグラウンドで選手たちと一緒に汗を流し、甲子園の頂点を目指していきたいと考えています。

おわりに

高校野球を指導していて、一番やりがいを感じるのは、「選手と同じ夢を共有できること」、この一言に尽きます。

ときには選手を叱ったり、またときには選手と一緒に喜びを分かち合う。そして、負けた悔しさも味わいます。とくに、3年生が最後の夏に西東京予選で負けてしまうと、「甲子園に出場させてあげられなくて、本当にごめんな」と申し訳ない気持ちでいっぱいになってしまいます。

あまり大きな声では言えませんが、夏の予選で負けたあと、しばらくの間、私は引きずったままでいることが多いのです。

「あのとき、スクイズのサインを出してあげるべきだったかな」

「あの試合の継投は間違っていたかな」

一事が万事、こんなことばかり考えているのです。なかなか立ち直ることができない自分自身を、情けなく思うときもあります。

そんなとき、私を救ってくれるのは、選手たちでした。

「監督さん、今日もよろしくお願いします！」

新チームになって間もない頃、威勢のいい選手の声を聞くと、「オレもいつまでも落ち込んでいられないな」と自ら発破《はっぱ》をかけ、やる気に満ちてくる。そうして新たに挑戦しようというエネルギーが湧いてくるのです。

だからこそ、こんなことを思うのです。高校野球は監督が先頭に立ってはダメだ。選手が先頭に立って、甲子園というひとつの目標を達成するべきなんだ――。

私は甲子園での監督勝利数などには興味がありません。何勝していようと、それはあくまでもそのときの選手ががんばった結果であって、私自身ががんばったからではない。そう思うと、「甲子園で選手たちに勝たせてもらった」ことで、あとから名誉がついてきたと考えているのです。この考え方は、この先もずっと変わることはないでしょう。

高校野球の監督は、私にとって生きる活力となっています。同時に、選手と一緒に甲子園に行く喜びを共有したい。それゆえに、毎日厳しい練習を乗り越えているのです。

一方で、こんな思いもあります。私が監督として申し訳ないと思うのは、予選で負けたときだけではありません。最後の夏に背番号のついたユニフォームを渡すことができなかった3年生には、心から「悪かったな」という気持ちが湧いてくるのです。

彼らももちろん、3年間、一生懸命がんばりました。それでも、実力的にはレギュラー、そして背番号をもらう控え選手たちに劣っていた。今の子どもたちは「みんな仲良く平等に」という教育の下で育ってきていますが、背番号を渡す瞬間はチームが勝つための実力主義を取らざるを得ない――。現実は残酷です。

この直後、監督室に呼んで話をするときに、真っ先に私が口にするのは、「背番号を渡すことができなくて本当にすまなかった」という謝罪の言葉です。私としても一生懸命鍛えたつもりでしたが、どうしても実力が及ばなかった。入学したときに三高のユニフォームを着られることを目標にがんばってきただけに、無念な気持ちでいっぱいなはずです。それでも最後の夏が終わると、「三高で監督さんと一緒に野球ができてよかったです。本当にありがとうございました」と晴れ晴れとした表情で感謝の言葉を言ってくれます。高校野球は終わってしまいましたが、彼らの人生はここからがスタートです。苦しかったことや楽しかったこと、すべての経験をプラスに変えて、他人を思いやれる人間になってほしいと願っています。

コロナ禍の今、子どもからお年寄りまでワクチンが普及し、治療薬ができれば解決となるのでしょうが、それが1年先、2年先、はたまたその先になるのか、誰にも見当がつきません。ひょっとしたら、コロナ以前の世のなかに戻ることも難しいのかもしれません。

けれども、私にとって「情熱を持って選手の指導にあたる」ことは、今も昔も変わりませんし、これから先も変わることは決してないと考えているのです。

今の選手たちとは、親と子以上の年齢差、ひょっとしたらおじいちゃんと孫くらいの年齢差に感じている選手もいるかもしれません。けれども、私が選手たちのおじいちゃんと決定的に違うのは、「いいものはいい、ダメなものはダメ」とはっきり言ってあげることです。

ほめてばかりでなく、厳しく直言するところは妥協せずにやる。手綱を緩めるところは緩め、引くときはきちんと引く。この使い分けは今後もしていきたいと思います。三高のグラウンドで選手たちを叱咤激励しながら、甲子園出場を目指していく。監督であり続ける限り、こうした当たり前の日々を喜びに感じながら、これからも指導にあたっていきたいと考えています。

2021年5月

小倉　全由

日本大学第三高等学校

小 倉 全 由 （おぐら　まさよし）
1957年、千葉県生まれ。日本大学第三高等学校教諭、同校硬式野球部監督。春夏を通じて甲子園出場通算21回（関東一高で4回、日大三高で17回）、甲子園通算勝利数37勝（歴代9位・いずれも2021年6月現在）を数える高校野球界有数の名将。自身が日大三高在学時は内野手の控えとして甲子園を目指すも、3年生最後の夏は東東京予選の5回戦で敗退。日大進学後、日大三高のコーチに就任し、79年夏の選手権大会への出場を果たす。81年に関東第一高等学校硬式野球部監督に就任。85年夏の選手権大会で初出場を果たしベスト8、87年春のセンバツでは準優勝に導く。88年に監督を辞任し、野球とは距離を置くも、92年12月に同校硬式野球部監督に復帰し、94年夏に9年ぶりの甲子園出場に導く。97年、母校である日大三高に移って硬式野球部監督に就任。2001年夏の選手権大会で甲子園歴代最高記録（当時）となるチーム打率4割2分7厘を記録、同校初となる夏の全国制覇を達成。10年春のセンバツでは自身2度目の準優勝、11年夏の選手権大会では、自身2度目となる夏の全国制覇を達成した。選手に「熱く」「一生懸命」を説く指導が評判で、近年は選手を「ほめて伸ばす」指導も実践している。

「一生懸命《いっしょうけんめい》」の教《おし》え方《かた》

2021年７月１日　初版発行

著　者　小倉全由 ©M.Ogura 2021
発行者　杉本淳一

発行所　株式会社日本実業出版社　東京都新宿区市谷本村町3-29　〒162-0845
大阪市北区西天満６－８－１　〒530-0047
編集部　☎03-3268-5651
営業部　☎03-3268-5161　振　替　00170-1-25349
https://www.njg.co.jp/

印 刷・製 本／三晃印刷

ISBN 978-4-534-05858-4　Printed in JAPAN